# EL PROBLEMA
## DE LOS VALORES
## Y LA SOCIOLOGÍA
## DE LA CULTURA
## 1933

# EL PROBLEMA DE LOS VALORES Y LA SOCIOLOGÍA DE LA CULTURA 1933

DR. ADALBERTO GARCÍA DE MENDOZA

**Para realizar pedidos de este libro, contacte con:**
Palibrio
1663 Liberty Drive
Suite 200
Bloomington, IN 47403
Gratis desde EE. UU. al 877.407.5847
Gratis desde México al 01.800.288.2243
Gratis desde España al 900.866.949
Desde otro país al +1.812.671.9757
Fax: 01.812.355.1576
ventas@palibrio.com
755406

# ÍNDICE

## EL PROBLEMA DE LOS VALORES Y LA SOCIOLOGÍA DE LA CULTURA

1.- Relaciones entre la Ciencia y la Filosofía ................................ 3

2.- El Psicologismo en los valores ............................................... 11

3.- El sociologismo en los valores ............................................... 19

4.- Fuentes de los valores ............................................................ 25

5.-Fuente de los valores en el individuo ...................................... 33

6.-Fuente de los valores en la comunidad ................................... 41

7.-Verdadera fuente de los valores. ............................................. 49

## ESTUDIOS FILOSÓFICOS Y SOCIOLÓGICOS

1.-"Panorama Social del Japón" .................................................. 59

2.-"El problema de la dualidad en el Panorama Social del Japón" .......... 67

3.-"Lo-que-significa-el Japón" en-el-momento-actual" ................ 79

4.-Sentido de las Culturas Oriental y Occidental ........................ 87

5.-La Cultura Japonesa................................................................. 93

6.-Visiones de Oriente y el Japón Romántico ............................ 103

7.-Lugar de la música Japonesa en la Música Oriental............... 109

8.-"Filosofía Oriental y Filosofía Occidental"........................... 117

# EL PROBLEMA DE LOS VALORES Y LA SOCIOLOGÍA DE LA CULTURA

# 1.- Relaciones entre la Ciencia y la Filosofía

Es in dispensable establecer con todo cuidado las relaciones entre la ciencia y la filosofía para darnos cuenta del lugar que debe ocupar la teoría de los valores, llamada axiología; así como también el lugar propio que le corresponde a la Sociología de la Cultura.

Para deslindar los campos respectivos diremos que las ciencias describen, por medio de leyes, las uniformidades de la naturaleza y las relaciones entre objetos matemáticos y lógicos. De esta manera nos encontramos con ciencias como la Física, la Química, la Psicología, la Sociología, etc; que estudian el mundo fáctico, investigan las relaciones causales de las naturalezas y la orgánica, y social y por otra parte la Matemática, una de las manifestaciones de la teoría de multiplicidad y la Lógica que señalan los principios y la naturaleza de los pensamientos lógicos. Las primeras ciencias se designan con el nombre ciencias fácticas, las segundas con el de ciencias eidéticas.

Los objetos de todas las ciencias son investigados por un criterio especial. Este se refiere a un mundo dado, es decir, que se presenta no sólo como objeto colocado frente al sujeto, sino como aquello a que se dirige el conocimiento o la voluntad de conocer; y a la vez comprendido bajo leyes y principios que hacen racional las uniformidades de la naturaleza y del alma.

Las ciencias son propiamente estudios parciales de la realidad. Ya Aristóteles dio este carácter al sostener que la Filosofía era una intuición unitaria del mundo, mientras que las ciencias eran filosofías particulares dirigidas a ciertas regiones de la realidad. Las ciencias tienen un mundo limitado de investigación, se dedican a determinadas manifestaciones similares del Universo y valiéndose de procedimientos y fundamentaciones específicas llegan a enunciar sus propias leyes.

Pero es necesario darles a las ciencias una base más amplia, una fundamentación que sirva para definirlas como verdaderas ciencias. Esta base sólo la podremos encontrar en una disciplina que sea el fundamento de todas las ciencias, que investigue la realidad y la naturaleza teorética de todas las disciplinas científicas. Es decir, que trate del objeto, como objeto; así como de la fundamentación teorética en su naturaleza intrínseca. En este sentido se presentan inmediatamente dos grandes disciplinas; que no corresponden al campo científico, pues tienen un panorama completamente amplio que aquel en que están comprendidas las ciencias propiamente dichas. Este panorama se va ensanchando cada día más y más. Nunca llegará a tener término, púes las cosas, los objetos, son inconmensurables tanto en su manifestarse como en su conocerse.

La primera disciplina, es la Ontología, parte integrante de la Metafísica según las doctrinas tradicionales. Ella se refiere al objeto como objeto, a sus determinaciones, a los caracteres propios de la región de la realidad a que pertenece. La segunda base está en la teoría de las ciencias, teoría de las fundamentaciones teoréticas de las ciencias. Su investigación se refiere a la naturaleza de la verdad, de la certidumbre, de la verosimilitud, de la aproximación, etc; así como también a la esencia de las teorías, a las significaciones, fuente de los pensamientos científicos, a las fundamentaciones en suma. Es propiamente la Lógica pura, sostenida y elaborada admirablemente por Edmundo Husserl, al lado de la epistemología o teoría del pensamiento verdadero. Estas dos disciplinas constituyen la primera de las ciencias, base indispensable de toda fundamentación científica.

La Ontología y la Metafísica son elementos indispensables en toda elaboración científica, precisan el objeto en su naturaleza intrínseca le dan una colocación precisa dentro de las esferas de la realidad, y por último, sostienen una doctrina que trata de interpretar el Universo bajo una concepción perfectamente coordinada en cuanto a la esencia y a la naturaleza del ser y del devenir. El científico, al afirmar y el definir el objeto de su investigación, está por ese sólo hecho tratando de precisar a qué región de la realidad su investigación se dirige. Si es preciso nos dirá que el objeto es ideal, material o corresponde a un valor; nos precisará sus determinaciones y sus propiedades.

Al mismo tiempo, el científico al reducir el objeto de su estudio a un principio único múltiple, establece inmediatamente una visión metafísica interesantísima para toda su doctrina. Aquel psicólogo que ve el alma reducida a manifestaciones de las endrótinas sostiene una tesis vitalista de gran trascendencia no sólo doctrinal sino de utilidad para todos los procedimientos e investigaciones posteriores. Tratará de establecer mejor esas relaciones, entre el mundo orgánico y el mundo psíquico, su experimentación tendrá una dirección perfectamente delimitada.

El psicólogo, que, apoyándose en la teoría de que el objeto de su estudio es completamente distinto de los procesos de la naturaleza muerta y del organismo vivo; afirmará como punto de partida una metafísica dualista o triista y sus procedimientos de investigación los reducirá únicamente a la pura descripción de los fenómenos psíquicos, dándole a las reacciones fisiológicas una interpretación de medio en lugar origen. El científico siempre ha obrado así. Einstein al formular la doctrina del intervalo absoluto, de la funcionalidad reversible; Fredu al sostener la liga estrecha entre lo sexual y lo anímico espiritual; Marx al ver en las superestructuras manifestaciones de los procesos económicos; etc., están elaborando posiciones metafísicas que les llevarán por caminos determinados orientados según la naturaleza de su primera concepción. Nadie puede desligarse de esos primeros pasos, pues la negación de ellos equivaldrían a no tener un objetivo determinado y no saber qué procedimiento seguir en la investigación.

Es cierto que esta concepción preliminar puede variarse por la experimentación y observación, puede ser el fruto de serias y profundas meditaciones y observaciones del medio en que se va a operar, pero de todas maneras, siempre tendrá un límite la experimentación y observación y el criterio del científico imperará en forma decisiva. La originalidad de la mayor parte de las doctrinas científicas estriba en este criterio, en esta intuición que permita desarrollar una nueva doctrina sobre el mundo que se estudia.

Darwin al dar el principio de la evolución, al sostener una generación continua desde la amiba hasta el hombre; no se fundó exclusivamente en los datos de la experiencia, sostuvo su tesis sobre una idea aún no comprobada, como es la negación de la creación espontánea. La mecánica de Heisenber equivalente a la de Schroedinger, tratando de interpretar la naturaleza interna de los átomos, también está basada en hipótesis que en el momento de formular se las doctrinas no habían sido comprobadas: señalando la primera, la estructura atómica y los planos de energía conforme a las ideas de Bohr y la segunda, sobre una mecánica ondulatoria. Todas las doctrinas científicas tienen una base metafísica y su progreso indica la confirmación de esta hipótesis y el ensanchamiento de las ciencias hasta comprender la totalidad de lo existente.

Pero a la vez, las ciencias necesitan de otra fundamentación. Y esta se encuentra en su base teorética. Todas pretenden llegar a la verdad, todas afirman enunciar principios necesarios, y, sin embargo ninguna de ellas es capaz de decirlo por qué toma como necesaria una ley, por qué estima verdadera una conclusión. La investigación de la verdad, de la certidumbre, de la probabilidad, etc.; se hace en una disciplina fuera de las ciencias llamada Epistemología. En ella se ve en toda su generalidad la base de la verdad y se distingue perfectamente, por qué en las Matemáticas a principios necesarios y absolutos y en la Física única y exclusivamente a Leyes aproximadas.

Sabe distinguir la naturaleza del mundo eidético de la del mundo fáctico y encuentra necesidad y universalidad en el primero, contingencia y particularidad en el segundo. Aprecia el valor cognoscitivo de la deducción y de la inducción; de la experientación en todas sus formas; trata de ver el límite del conocimiento así como también el origen del mismo. Se da cuenta el epistemólogo de por qué Spinoza supone que el conocimiento de lo ideal en forma de idea clara, distinta y adecuada, es suficiente para precisar los principios últimos del mundo material. De por qué Mach basa su conocimiento en una economía teorética y Vaihinger rechaza los problemas últimos de la esencia y del ser para afirmar la fórmula del "como si".

Pero, es necesario dar las bases de la teoría científica, su naturaleza, etc. y en este momento se requiere el conocimiento de la Lógica Pura que sabe investigar las significaciones de multiplicidad y ve en las matemáticas una de sus más sencillas expresiones; que sabe internarse en la naturaleza de la teoría científica y por lo tanto califica como tal a aquella disciplina que realmente lo merece. Da, como objeto fundamental el valor de las fundamentaciones científicas, sin el cual ninguna disciplina tiene un justo valor en sus propias conquistas.

Estas dos disciplinas, la metafísica (comprendiendo la Ontología) y la Teoría de las Ciencias, en sus dos formas de Lógica Pura y de Epistemología, constituyen los pasos necesarios en toda elaboración científica. No corresponde a las ciencias sino a la Filosofía. Son los fuertes de esa construcción enormemente complicada y basta que se denomina Filosofía. Tienen una intima relación supuesto que le sirven de base. Es necesario no pretender separarlas mas que en su generalidad. Su trabajo es el mismo, su fin el mismo, es decir, darse cuenta clara, distinta y absolutamente verdadera de la realidad.

Su labor debe ser armónica y de íntimas influencias; deben señalarse un avance mutuo. La metafísica prospera al amparo de la ciencia, la ciencia progresa auxiliándose de una buena fundamentación metafísica. La teoría de la Ciencia, para construir sus principios, necesita no alejarse de los campos científicos, de las experimentaciones; y la ciencia no podrá dar paso seguro si no tiene una crítica anticipada de sus métodos de observación y de experimentación, que los alcances de sus verdades, de la naturaleza evidente, necesaria o aproximada de sus principios e hipótesis. Todo está encadenado perfectamente. La causa estudiada en las ciencias empíricas y expresada en las leyes, puede ser el objeto de una de las más serias elucubraciones metafísicas al estudiarse su necesidad o su contingencia, tal como lo hicieron Hume, Kant y multitud de filósofos verdaderamente profundos.

La Filosofía no sólo comprende estas dos disciplinas ligadas a la ciencia, también investiga otros objetos que la ciencia misma no ha llegado a estudiar profundamente. Estos otros objetos pertenecen al mundo del espíritu, objeto primordial cuando se trata de ver la naturaleza del hombre. El espíritu en sus manifestaciones da lugar a una serie de disciplinas que señalan caracteres y leyes específicos para la belleza, la bondad, la santidad, la justicia. Todas esas manifestaciones son el objeto de disciplinas filosóficas especiales. La Estética investiga la belleza, la ética, la bondad, el derecho, la justicia, la religión, lo numinoso. El espíritu no ha sido estudiado por la ciencia. La Psicología solo investiga el alma que es transitoria, cambiante. Los valores son propiamente esas manifestaciones del espíritu que ven directamente a las fuerzas más internas de la emotividad y del sentimiento y que realizan de manera mejor la esencia humana.

Claro está que las manifestaciones del espíritu no las vamos a colocar allende la realidad de la naturaleza. No vamos a creer y a suponer que estos objetos de la Filosofía estén alejados de las otras regiones de la realidad y sean independientes de la evolución histórica. Todo lo contrario, haremos ver la íntima conexión entre estas manifestaciones y aquellas investigadas ampliamente en la ciencia. Este será el tema fundamental de nuestro libro, es decir, precisar los diferentes dominios de la realidad, sus mutuas e íntimas relaciones, sus orígenes y sus límites. Las doctrinas han sido muchas tanto en el campo filosófico como científico y todas han tratado de explicar toda la realidad con la exaltación de un sólo principio, de una serie de fenómenos, de una sola naturaleza del ser y del valor.

Ha faltado la coordinación y es por ello, que no vemos con claridad, cómo se relaciona la imprestructura con las superestructuras en la doctrina marxista, los productos espirituales con los fenómenos telúricos en la tesis de Keyserling; unas culturas con otras en la investigación spengleriana; la lívido con las manifestaciones más puras de la sublimación en la tesis de Freud; etc. No hemos podido percibir con claridad la naturaleza del colectivismo frente a la ideología del individualismo. No tenemos precisión entre el instinto y el espíritu absoluto en la obra de Scheler, entre la existencia del hombre con su base en la angustia y la de los pueblos y de las comunidades en la metafísica de Heidegger.

Y esto es uno de los defectos más graves de la cultura occidental después del Renacimiento. Descartes ha sido el pensador y filósofo que más ha perjudicado la cultura occidental. Su dualidad entre espíritu y materia provocó y está provocando las más difíciles dualidades, el valor exagerado dado a la razón, desnaturalizó los poderes más fuertes y creó esa falsa concepción del hombre basada exclusivamente en la ratio; su descubrimiento de ego(yo) no supo aprovecharlo debidamente, con firmeza, con sabiduría y se alejó horrorizado del lugar en que un espíritu más penetrante hubiera podido fincar las más espléndidas conquistas del hombre. (Husserl lo está haciendo de una manera magistral en el momento presente).

Y por último quiso dar al hombre la base sobre sí mismo, quitándole sus sostenes medie vales, sin tener la fuerza suficiente para crear esa base, de naturaleza superior a la divina que le habían dado la Patrología, la Escolástica y, en el mundo pagano, las profundas meditaciones de Zócrates, Platón o Aristóteles. Fué el aventurero de la Filosofía, el petulante Napoleón de la Antropología Filosófica, el destructor de la más fuerte elaboración cultural. Después de esa obra, la incertidumbre ha quedado al no poder comprender las relaciones entre el espíritu y la materia, al sostener que la razón es la base esencial del hombre y por último, al intento vano de darle una base seria en qué apoyarse.

La dualidad ha causado la división nefasta entre espiritualistas y materialistas. División ilusoria, fantástica, miope, falsa y negativa. No tiene razón de ser el espiritualismo que concibe todo como fuente en el espíritu; no tiene razón el materialismo que reduce todo a la materia o a la energía. El mundo es algo armónico, es una diversidad en una unidad admirable. Si sólo lo vemos desde un ángulo, hemos perdido la oportunidad más brillante de contemplarlo en toda su majestad a través de múltiples lugares. Es tan bella la creación biológica, como la más exquisita manifestación de la belleza; es tan profunda y armónica la región del inconsciente, como la manifestación de la bondad.

Es necesario reconstruir nuevamente el mundo, darle el sentido profundo a que hiciera mención Laotzé en su espléndida meditación del tao. Es necesario hacer cosa parecida a aquella armónica obra de Agustín que vio las excelencias de todas las fuerzas del espíritu. Así también, es necesario superar esas concepciones, ver más allá del ego que vislumbró admirablemente el máximo fundador del cristianismo. La esencia del hombre no sólo está en el hombre aislado, sino también y fundamentalmente en el semejante, en la comunidad. Es necesario superar la teoría del tao, el sentido del universo, para vivir más cerca de las pequeñeces asombrosas de la vida.

No sólo la razón bastará para salvar al mundo, se necesita la intuición más profunda, la fe en lo bueno, el amor hacia las cosas que llevan bienestar y felicidad a nuestros semejantes.

Se necesita caminar por la ruta de la existencia, no sólo con el escape frio y sistemático del científico, sino con el valor del héroe, la absoluta fe del santo, el amor del vidente.

Y por último es indispensable darle al hombre una base más profunda que la que podamos encontrar en las obras de Einstein, Freud, Darwin y Marx. Todas las doctrinas tienen un valor inconmensurable, pero el hombre requiere una fundamentación más profunda, en una palabra más humana. Esta fundamentación se encontrará cuando la evolución se afirme en un proceso hacia un fin perfectamente estructurado, el sexualismo hacia un recto sentido de la concepción; el economismo, hacia una mejor distribución de la riqueza y de la vida material de los hombres. Esta base estará fincada cuando la actual moral de hipocresías, que mina las espontaneidades del hombre en sus manifestaciones biológicas y espirituales, cuando se destruya el capitalismo que ha aniquilado a millones de seres bajo las garras de la miseria y de la explotación; cundo se eleve la dignidad del ser humano en un sentido más de acuerdo con su naturaleza pobre, débil y enormemente angustiada.

# 2.- El Psicologismo en los valores

Existe una región de la realidad que corresponde a los valores. Estos tienen una naturaleza diferente del ser y se caracterizan, así mismos, porque <u>valen</u>. La Metafísica moderna se ha enriquecido por este nuevo campo ontológico y presenta y basto horizonte de estudio y meditación sobre el objeto, la naturaleza, las relaciones y las leyes de estos nuevos elementos. La Metafísica tradicional solo conservó, como principio absoluto al ser. Sus investigaciones tuvieron como objetivo el escudriñar sus propiedades, atributos y especies. Fué una verdadera <u>analogía entis</u> que sostuvo que el Ser convenía a todos los géneros de la existencia, en una forma analógica.

Hoy se ha ensanchado el dominio de la realidad a los campos del deber. Es decir, se ha llegado a constituir una verdadera Metafísica de la <u>analogía actus</u>. Esta es una de las transformaciones más poderosas que ha sufrido la Metafísica tradicional. Y podemos asegurar que aún supera a esta nueva concepción, otra reciente que sostiene, como base de toda la realidad, y no solo de ella sino hasta de la Nada, <u>la existencia</u>.

La realidad del valor, es de una trascendencia sin igual. Con esta innovación se crean propiamente las disciplinas mas completas de la Filosofía, como son: La Estética, la Etica, etc. y es: que dando objetividad e independencia a los valores, se les señalan distintivamente Ciencias y disciplinas que los estudia y los analiza.

Los valores, en la Metafísica Aristotélico-Escolástica, estaban reducidos a meras propiedades del Ser. En las obras de Sto. Tomás de Aquino, así como en la de los más grandes teóricos de la Ontología tradicional, se distinguen dos sustancias: la primera corresponde al

Ser individual real y concreto; la segunda, a la esencia del individuo (humanitas). Todo Ser substancial presenta diferentes grados de perfección. En la Hipóstasys o Suppositum o sea la sustancia individual, independiente, la realización del devenir de la actividad siempre es efectiva. La persona es una Hipóstasys dotada de razón, que le corresponde obrar por sí, independientemente y con el mas completo dominio de sus actos y la mas absoluta libertad de hacer o de no hacer. En esta cualidad del Suppositum, esta inmanente la obra moral. La segunda parte de la Summa Teologica, se refiere, con especial cuidado, al análisis del valor moral. Esto recuerda la Etica de Aristóteles, San Agustín y en especial, la Summae de Virtutivus et Vitiis de Cantor, Courzon etc.; así como de las obras de Alberto Magno y de San Vistor.

Es para Sto. Tomás de Aquino la moral un movimiento de la criatura racional hacia Dios. Motus rationales creaturae At Deum. Este movimiento de perfección está descrito en una forma general en la Prima Secundae, y en especial en la Secunda Secundae. Es la bienaventuranza el término de este camino que solo puede alcanzarse por los actos morales del hombre (Actus humani) es como se ve, el valor moral una de las actividades de la sustancia.

En la moderna Ontología, el valor moral es un objeto q??? vale. Como todo valor es extraño a la cantidad, es omnipresente en el espacio y en el tiempo y necesariamente posee polaridad. También los valores, por ser objetivos y no tener relación con el tiempo, son absolutos. Ocupan la atención de una moderna Ontología íntimamente ligada a la Antropología filosófica.

El conjunto de doctrinas sobre el valor ha recibido el nombre de Axiología. Su formación es completamente reciente. Se debe a Lotzé en el siglo XIX que, en su "Microcosmos" ya nos habla del sentimiento como medio cognocente del valor. En un terreno práctico Nietzsche y Adam Smith han empleado constantemente la designación, ya para la crítica de los valores económicos en el primero y en el segundo caso. Sin embargo es Francisco Brentano el que de una manera profunda, aprovechando las enseñanzas escolásticas, presenta con toda claridad la objetividad del valor. Y de esta fuente se han seguido, con mayor o menor profundidad, las investigaciones en autores de tanta valía como Krauss, Klages, Kerle Hartmann, Ostwald, Scheler, Munsterberg, Port, etc.

En las investigaciones anteriores siempre se había reducido al valor al término de un proceso psicológico. Son en número incontable las interpretaciones psicológicas de los valores morales, justos, religiosos, estéticos. A esta tendencia se le ha dado el nombre de psicologismo y ha estado fuertemente arraigada en las investigaciones científicas y filosóficas del siglo pasado. En derecho nos encontramos con aquellos investigadores interpretando el acto justo como un resultado de procesos psíquicos. Lo propio hallamos en las obras éticas, estéticas, religiosas de multitud de pensadores.

Los tratados de psicología, rara vez se detienen en la investigación de los procesos psíquicos y pasan indebidamente al campo de los valores con el pretexto de investigar los sentimientos y las emociones.

Se puede decir que la filosofía actual ha tenido como objetivo fundamental el destruir los errores del psicologismo. La obra más sistemática para dar unidad al valor lógico, indudablemente que es la hecha por Edmundo Husserl. En el primer tomo de sus "Investigaciones Lógicas" nos encontramos con las más dura réplica al psicologismo de Mill, Bain, Sigward, Erdman. En esta réplica se sustenta la objetividad de los pensamientos lógicos y la autonomía de la ciencia lógica. Lo propio han hecho investigadores y filósofos para el Derecho, la Etica la Estética, la Religión. Se puede decir que después del psicologismo de los Lipps, Duguit, etc.; se ha llegado a afirmar las ciencias del espíritu de manera tan amplia como lo pretendiera uno de los más profundos filósofos contemporáneos: Guillermo Dilthey.

Ya hablaremos detenidamente de la Axiología, sus fundamentos, la objetividad del valor así como también del conocimiento, realización y especies del mismo. Por ahora cabe afirmar que la filosofía actual ha conquistado definitivamente unas ciencias perfectamente autónomas y la riqueza de estas conquistas aún no se vé en todo su esplendor.

Pero cabe meditar, aunque sea de paso en el Fundamento de los valores, es decir en la realización del espíritu humano. La Antropología filosófica, la disciplina más compleja y más difícil de la filosofía, trata en estas últimas épocas de presentarnos la esencia del hombre, su verdadero carácter. Max Scheler es uno de los filósofos más profundos de la cultura occidental y a él se debe las lucubraciones contemporáneas más interesantes sobre el particular. En un pequeño folleto intitulado "El Puesto del Hombre en el Cosmos", que viene siendo en resumen de esa maravillosa obra "Antropología filosófica", que la muerte despiadadamente truncó, se encuentra el problema de la idea de hombre.

Se analizan los grados del Ser. Psíquico: el impulso afectivo de la planta, el instinto animal, dos formas psíquicas esenciales; se pasa a otras dos que corresponden a la conducta y que brotan primariamente de la instintiva, como son la <u>conducta habitual</u> y la <u>inteligente</u>. La conducta habitual constituye la tercera forma psíquica esencial y está representada por la facultad que llamamos memoria asociativa. Esta memoria asociativa conduce a la <u>cuarta forma esencial</u> de la vida psíquica, propia de los animales superiores, como es la <u>inteligencia práctica</u>. Pero, entonces, surge el problema esencial: la diferencia entre el hombre y el animal. Scheler sostiene que la "esencia del hombre y de lo que podríamos llamar su puesto singular, está por encima de lo que llamamos inteligencia y facultad de elegir...."; y continúa: "Sería un error representarse ese <u>quid</u> que hace del hombre un hombre, simplemente como otro grado esencial de las funciones y facultades pertenecientes a la esfera vital, otro grado que se superpondría a los grados psíquicos ya recorridos - impulso afectivo, instinto, memoria asociativa, inteligencia y elección- y cuyo estudio pertenecería a la competencia de la Psicología. No el nuevo principio del hace que del hombre un hombre, es ajeno a todo lo que podemos llamar vida, en el más amplio sentido, ya en lo psíquico interno o en lo vital externo.... Ya los griegos sostuvieron la existencia de tal principio y le llamaron: La razón..." Este principio es para Scheler el <u>espíritu</u> y la <u>persona</u> es el centro activo en que el espíritu se manifiesta dentro de las esferas del Ser finito.

La propiedad fundamental de este ser es su independencia, libertad y autonomía existencial frente a los lazos y a la presión de lo orgánico. Es por lo tanto el espíritu una objetividad; la posibilidad de ser determinado por la manera de ser de los objetos mismos.

El hombre por este hecho, posee las categorías espirituales de substancia, espacio y tiempo; y también es capaz del conocimiento idealista de las esencias, pues puede separar la existencia de la esencia, tanto en la forma conceptuada como en la intuitiva. Es apto para hacer la reducción fenomenológica, esto es la operación de poner entre paréntesis el coeficiente existencial (contingente) de las cosas y para ello alcanzar su esencia.

Tomando en cuenta esta doctrina, nos encontramos con una región nueva dentro de la realidad que no pertenece a la esfera de lo psíquico y que señala la característica fundamental del hombre. Nada más que esta determinación humana en la obra de Scheler, como en las maravillosas páginas de San Agustín, se reduce a la realización de la persona individual, y esto no está de acuerdo con los datos aportados por la experiencia mas rigurosa.

El hombre crea la cultura, en cuanto los valores espirituales están al contacto de la comunidad, son aceptados por ella y transformados en verdaderos valores. Siempre hemos sostenido que las aportaciones individuales, aquellas que solo el espíritu en su excelencia puede crear, solo llegan a ser verdaderos valores culturales cuando la comunidad los ha acogido en su Seno, los ha transformado en una necesidad colectiva y les ha dado ese sello característico de todo lo cultivado.

El hombre aporta no solo el germen de la vida sino también de la cultura. Para el pleno desarrollo de esta maravillosa aportación se necesita el contingente de la naturaleza femenina en su caso y el de la naturaleza colectiva en el otro. Solo después de esta admirable contribución será cuando la realización llegue a tener plena efectividad.

La cultura femenina está por crearse de una forma más íntimamente comprenetrada de la existencia. Dos elementos fundamentales tiene la mujer en sus manos: la intuición que le hace ver con toda claridad el sentido mas vital que cósmico y la maternidad que le hace resolver el propósito máximo e interno de la humanidad. Una cultura forjada al amparo de las pequeñeces, miserias, ingratitudes, contradicciones de la vida; será la que, elaborada por el elemento femenino, podrá salvar la aparente decadencia de nuestro momento cultural. Durante muchos siglos el hombre ha desarrollado su propia cultura, sumergiéndose la mayor parte de las veces en el concepto estilista de la razón. Ha querido sistematizar no solo al Universo físico sino también a las formas múltiples de la vida, de las vivencias psíquicas y del espíritu. Y frente a este intento magno, todas las culturas construidas hasta el momento se han detenido para presentar aparentes ocasos y fundamentalmente decepciones fáusticas Y es porque ha faltado la contribución de la cultura femenina que, pudiendo internarse en la vida misma, algún día llegará a descifrar el sentido último de la cultura a través de una filosofía de la vida y de la existencia.

Los intentos de una gran parte de los pensadores místicos e intuitivos, no llegan mas allá que aún bosquejo de la existencia de sus mas variadas formas. Y esto es, porque un fardo enorme lleva el hombre sobre sus espaldas; consistente en una conceptuación cada día mas rigurosa y en un análisis desnaturalizador de lo viviente.

Frente a estos intentos esporádicos se levanta vigorosa la tendencia sistematizadora con la aprobación más estruendosa de los hombres. Darwin intenta relucir en el concepto de evolución la esencia del hombre al proceso primario de lo orgánico y de lo físico. Einstein, propugna por someter todo el funcionamiento del universo a la más rigurosa conceptuación funcional, alejándolo del principio causado.

Nuevas síntesis tratan de reducir el mundo del inconsciente a principios y leyes definidas en conceptos para alejarse una vez más de la penetrante mirada intuitiva de los orientales. Y aún más los métodos propios de la matemática invaden el campo de los fenómenos físicos la experimentación perfectamente ajustada al mundo físico se extralimita al campo de lo psíquico y por último el mundo de lo espiritual es interpretado e investigado sin métodos propios y sin intuiciones adecuadas.

Y si ahora nos referimos a las tesis contrapuestas que señalan como fuente de la cultura ya al individuo, ya a la colectividad; podemos argumentar que esta separación no obedece a otra cosa mas que a un intento exagerado del análisis y de la conceptuación. No existe, propiamente hablando y meditando, esas dos posiciones antagónicas que afirman, la una que el hombre el que por su propio talento y dignidad espiritual crea la historia; la otra, afirmando que los productos de la cultura son el resultado exclusivo de las masas y de las colectividades.

Es indispensable pensar que todos los factores son necesarios, armónicos y llevan a una obra unitaria. El hombre aporta a la humanidad su contingente, en ocasiones demasiado rico; la humanidad lo toma y le da vida, y en el momento en que se convierte en un bien social, en ese instante, es cuando ha llegado a ser un verdadero valor cultural.

Ningún valor cultural existe única y exclusiva en el hombre. Ningún valor cultural tiene por origen exclusivo la comunidad. Son dos fuerzas necesarias para crear la resultante, no son independientes, están íntimamente compenetradas la una de la otra manera. De esta manera resulta que, aún lo que el hombre cree que es su aportación propia, individual y absolutamente suya, no resulta a la postre, mas que una consecuencia de algo ya entregado a él por el espíritu cultural que domina la época aún cuando puede jactarse de haberle dado mayor profundidad y nuevos derroteros de las más profundas realizaciones.

Hemos olvidado la naturaleza viviente en sus más excelentes enseñanzas, hemos analizado demasiado al mundo, reconstruido con desesperación lo fáctico en la mente, y todo esto nos ha servido para oponer constantemente una falacia a otra falacia, un error a otro error. La generación nos muestra que el germen entregado por el hombre para la creación de un nuevo ser, es el producto no solo de su esfuerzo sino también de elementos que el medio le ha entregado y que la herencia le ha legado.

Y nadie afirma nada y nadie afirmará que el nuevo ser el solo producto del elemento femenino, ni nadie os hará afirmar que solo la resultante de un producto masculino, así es la obra cultural, ella se origina en la mente y en el sentimiento del ser humano, pero solo tienen las características del valor cultural cuando ha sido alimentado y vitalizado por la colectividad.

# 3.- El sociologismo en los valores

Otro de los defectos en la investigación de los valores se encuentra en lo que se ha llamado el sociologismo o tendencia a interpretar todos los fenómenos de la cultura y de la historia desde el punto de vista de la Sociología. Los tratados de esta disciplina científica, en lugar de reducir sus límites a la investigación de la sinergia social, al estudio de los factores y productos sociales, en tanto que ven a estas fuerzas de cohesión y en muchas ocasiones de repulsión; se extienden indebidamente hasta los valores mismos, tratando de explicarlos como productos del medio natural, biológico y de exigencias primarias de la colectividad.

Sería demasiado largo el número de ejemplos que podríamos dar a estas interpretaciones en el campo del Derecho, de la Estética, de la Religión. Basta mencionar la doctrina de Darwin para explicar el origen y la naturaleza de las religiones, basada en el temor y la incomprensión de los fenómenos naturales; de Gumplowich al sostener como fuente del Derecho la lucha; y de Spencer al afirmar la creación del valor estético en una superabundancia de energías manifestadas en el juego. Estas y otras doctrinas han tratado de explicar los fenómenos más altos de la cultura por medio de fenómenos primarios y hasta rudimentarios de la sociedad.

No cabe duda que en la producción de los valores culturales intervienen absolutamente todas las formas y todas las manifestaciones de la naturaleza, tanto del mundo, como del hombre. El clima, la flora, la fauna; son elementos determinantes, mas no suficientes; para explicar determinadas manifestaciones en el campo del arte, de la Religión, del derecho. Tampoco podemos olvidar la influencia de los factores biológicos que determinan caracteres perfectamente específicos en la producción del valor cultural.

No es posible desligar las condiciones Étnicas de la producción del arte, pues datos absolutamente precisos, nos entregan las condiciones de variabilidad de los productos artísticos en los pueblos de naturaleza racial. También es cierto que los fenómenos económicos influyen poderosamente en la producción de los mas altos valores del espíritu, que les dan una fisonomía especial y hacen variar su naturaleza intrínseca. Pero ya sean los factores económicos, ya los biológicos, ya los del medio físico; ya por último, los psicológicos; siempre nos encontraremos con un dato nuevo aportado por el espíritu del hombre y plasmado y realizado armoniosamente por el sentido más profundo de la colectividad.

Así como el hombre, sus manifestaciones mas exquisitas de espiritualidad necesitan de todos los elementos de vida; así también las culturas, reunión de los mejores valores, requieren la existencia perfectamente condicionada de los factores vitales. También, no cabe duda, de que las épocas de la historia señalan la preponderancia de ciertos fenómenos materiales, biológicos, económicos, psíquicos; como elementos determinantes de la cultura que se está creando.

Hay instantes que en el medio geográfico es tan preponderante, que todos los productos de la cultura presentan un carácter afin a esta exigencia. Así también, la mezcla de razas, la selección, etc.; hacen ver, de una manera especial, la influencia del fenómeno biológico en el desarrollo de toda obra cultural y es sobre todo el fenómeno económico, el que siempre ha tenido una influencia preponderante a través de la vida de la humanidad, haciendo notar más su presencia y su influencia en los momentos de crisis como se ofrece en el instante que vivimos.

Las interpretaciones parciales que se han dado a los hechos históricos y sociológicos obedecen fundamentalmente a la exaltación indebida de uno de estos fenómenos. Así Coulange trata de ver la cultura como producto del fenómeno religioso; Bujarin, del fenómeno económico; Marañón, del fenómeno biológico.

Hay una similitud muy grande entre la interpretación económica de la historia dada por Marx y la biológica sostenida por Freud. El Materialismo Histórico resalta de manera preponderante el factor económico, explicando transformaciones y productos sociales; el Psicoanálisis, por su parte, nos lleva al campo de los complejos sumergidos y del inconsciente para descifrarnos lo característico del tabú y de la religión, del lenguaje y del arte.

Debemos serenamente ver estos problemas. Parece que la solución que damos contradice la tendencia general que el mundo sigue en el instante presente. Pero estamos muy lejos de ello. El momento que vivimos es uno de los más característicos de la historia de la humanidad. Presenta la bancarrota de todo un sistema económico, de toda una construcción artificiosa que tuvo su base en una política económica mal dirigida, en una negación del hombre mismo.

Ahora más que nunca, podemos y debemos palpar la realidad económica con todos sus efectos y consecuencias. La crisis del maquinismo, de la grande industria, de los inmensos monopolios; la bancarrota sufrida por el mundo después de la guerra europea de 1914, bancarrota en todos los valores pero principalmente en los económicos y morales; el espíritu imperialista de naciones europeas, americanas y asiáticas; la exaltación al poder de fanáticos egocentristas y soberbios en los pueblos que constantemente han dirigido la cultura del occidente; la falta de fe en las palabras huecas de la Revolución Francesa y en las conquistas sociales hechas a base de sacrificios, de hambre y de sangre; la hipocresía de nuestros moralistas, sacerdotes, profetas, videntes; la poca conciencia de la realidad social en la mayoría de nuestros pseudo pensadores y filósofos, la ambición desmedida de los que detentan el poder; ha ocasionado la crisis mas espantosa que época alguna hubiera haber sufrido. Todo, esto, producto de una época económica que solo pudo estimar los valores de la superficialidad emocional, la fuerza bruta del engaño y lo frívolo. La era del capitalismo minó todos los corazones y creó una imperialidad en el hombre como jamás había tenido. Esta misma época no dejó de tener también sus mercenarios en los campos del arte, de la filosofía y del derecho.

Nada más basta contemplar la miseria en las más ricas naciones de la tierra; el temor en los más valientes pueblos. Estados Unidos cubre su pobreza social con el oro de sus arcas; Japón esconde su temor y su incertidumbre bajo el reto a todas las naciones que le acechan en los dos casos únicamente se está dilatando el momento de la tragedia, esparciendo a manos llenas el tesoro del Estado o dando palabras de aliento y de entusiasmo ante las amenazas rojas o doradas.

Estados Unidos da una tregua para la revolución social y lo mismo hace Japón. ¿ y qué diremos de las palabras de Mussolini o de Hitler, de la situación artificiosa de España y de Francia, del aspecto de tranquilidad que se nota en la superficie de los pueblos del Ganges y del Támesis? Es la crisis la más espantosa crisis económica que arrebata la tranquilidad a todos los hombres y es, por esta misma razón, que todos los hombres debíamos estar dispuestos a remediarlo de manera definitiva a esta misma situación. Los unos irán a esta lucha creyendo ver la solución en el fenómeno económico; los otros iremos también a la lucha no adorando el fetiche del economismo, no estimando que con la resolución de la crisis económica habremos conquistado el Valhalá; no con la fe en la materia para hacerla base de todo lo existente cultural; sino en la conciencia de responsabilidad en la Historia, resueltos a acabar con la iniquidad para nuestros semejantes y para nosotros mismos. Iremos a la lucha con el deseo de resolver los problemas económicos y con ello ver resplandecer los valores de la comunidad, únicos que llegan a formar la Cultura en su más exquisita expresión.

Iremos a la lucha con la conciencia de que nacerá un mundo mejor equilibrado sobre bases arraigadas en una nueva Economía, más justa, más equitativa, pero siempre con la esperanza de crear y dar vigor a algo más que esa resolución económica. Y este algo más, será el producto de la comunidad, el espíritu del pueblo forjado en el sufrimiento y alegría de las comunidades cristalizadas en realidades de valor cultural. Mayor equidad para el producto del trabajo del hombre. Negación absoluta de los poderes inhumanos que han tratado de imponer unas naciones a otras, unos continentes a otros, unos hombres a los demás. Tenemos fe absoluta en un equilibrio económico que sea la base de la vida, favorezca la libre manifestación del hombre y favorezca el despliegue maravilloso del alma de las muchedumbres encanijadas y envilecidas por el egoísmo y por la avaricia.

# 4.- Fuentes de los valores

Este es uno de los problemas que más nos interesa delucidar porque, de la resolución del mismo, sacaremos conclusiones de enorme trascendencia para nuestro momento histórico. Para unos pensadores la fuente de los valores culturales está en el individuo. La persona es la única capaz de producir las excelencias más puras del espíritu. <u>Cultura</u>, en una palabra, es la integración de la personalidad. Solo puede hablarse de cultura cuando nos referimos al hombre culto, al individuo que ha sabido ser un "microcosmos" y ha podido desarrollar las fuerzas que en su existencia existen como ser humano. En este sentido debe entenderse la doctrina de Scheler, que nos lleva directamente en su Sociología del Saber, al terreno del personalismo.

Por otro lado existen los teóricos que afirman que la comunidad es la creadora de todo lo cultural. Solo la comunidad puede producir los valores culturales, y únicamente ella es capaz de originarlos y darles vida. Los productos artísticos tienen su fuente en el medio social en que se desarrollan los productores de arte. La ciencia no es maps que la expresión de algo que está palpitando en la sociedad y que se presenta como una verdadera necesidad intelectual. La Religión es la mejor expresión de ese sentimiento comunal plasmada en mitos y en liturgias. Tal es la médula de la filosofía del arte, interpretación de la ciencia y concepción de la religión en obras de filósofos que más tarde analizaremos.

La dualidad, individuo y comunidad, nuevamente nos va a presentar una contraposición formidable que tiene no solo importancia filosófica, sino práctica y, en este último sentido, la encontraremos en la política. El individualismo frente al comunismo. El primero sosteniendo que todos los valores de la cultura dependen del individuo, que todos los regímenes de la sociedad deben protegerla, las garantías individuales serán el sostén de toda la organización estatal y la exaltación del <u>héroe</u>, del genio, del profeta será la mejor comprensión de la historia. El colectivismo, afirmando por el contrario, que todos los productos se originan en la sociedad, el individuo no es más que el portavoz, la antena que sirve para captar la honda y para trasmitirla a las generaciones.

No tiene significación el individuo más que por esta fuerza que la comunidad le sustenta. Todo se refiere a las grandes masas, a los pueblos, a las naciones, a los continentes. Los filósofos alemanes seguirán de cerca el racionalismo en todas sus formas y los ingleses siempre se documentarán en la experiencia, en lo empírico. El occidente fundamentará sus principios en la naturaleza humana y el Oriente buscará el resorte último de su cultura, en el perpetuo sentido del Universo y del infinito.

Esta dualidad, como ya lo hemos visto en otras semejantes, no hacen mas que denaturalizar la cultura. Son vistas parciales de un problema completo, exageraciones y adaptaciones falsas a un mismo proceso. No existe propiamente esta dualidad. La cultura se crea al amparo de dos fuerzas: el hombre aislado y la comunidad. La Cultura tiene su germen en la voluntad, sentimiento e intelección del individuo, pero solo adquiere vida y desarrollo en la colectividad. Aún más, la creación individual está fuertemente incluida por el ambiente cultural que la rodea, aun cuando este no es suficiente para hacer nacer en el individuo todo el poder de una doctrina científica o filosófica, Toda la belleza de una obra artística o la plenitud absoluta de un acto bueno.

El hombre toma del ambiente espiritual y natural en que se desarrollan los elementos primarios para su propia realización; pero los acuña, les da su sello y logra realizar esa obra maravillosa que tiene y conserva rasgos de la fisonomía de la época y las características del hombre que supo darle vida y calor.

Miguel Angel se adueña del espíritu del Renacimiento y sabe esculpir la fuerza de la Ley y el símbolo del Cosmos en la cúpula; Juan Sebastián Bach aprovecha el ambiente polifónico de su época dándole su sello personal, crea la oración en las sublimes cantatas y el sentido del infinito en armoniosas fugas; Shakespeare se interna en las pasiones inmortales del hombre y nos presenta el diamantino fulgor de ellas a través de Hamlet Macbet, Lear o Ariel. En todas estas obras magnas de la humanidad, el reflejo de la historia tiene un sentido trascendente y se presenta altamente significativo.

Pero estas construcciones, por espléndidas que sean en sí mismas, por verdaderas en su símbolo y en sus realidades; no llegarán nunca a constituir la cultura, mientras la comunidad no las haga suyas, les den un sentido histórico profundamente humano. Estas obras no significan nada en sí, solo adquieren la vida cuando son forjadas por la comunidad, recordadas y amadas por los pueblos y representan, a través de los años y de los siglos.

Un momento de la historia, una conquista del hombre en el Cosmos, una realización de la esencia humana. Por eso son valores culturales de gran significación el Prometeo de Esquilo que simboliza, para todos los tiempos, la rebeldía de la bondad frente a la iniquidad del destino y de los poderes fatuos y vengativos; la divina comedia del Dante que sabe guardar en su seno toda la imaginación y la esperanza de la Edad Media; y el Fausto Goethe que sabe representar la inquietud, la incertidumbre la complejidad del momento que no termina aún en nuestra historia.

Cuando la obra humana adquiere universalidad, es cuando se hace un pleno valor. Y pudiéramos decir que es más valor, que es mas exquisito valor, que es más profundo valor, a medida que la Universalidad va extendiéndose y su esfera de acción va dominando a la humanidad a través de toda la Historia. Beethoven crea una obra de más valor que Grieg porque ha sabido interpretar las emociones mas profundas del hombre a través de sus cuartetos y sinfonías.

Grieg solo ha llevado el mérito de hacernos recordar una región de la tierra con sus pocas pasiones y virtudes, con sus limitaciones consiguientes. Jesús ha sabido ser enormemente universal, ha fortalecido el alma del Occidente durante muchos siglos y su doctrina revela el sentimiento más humano que jamás se haya intuido. Sin embargo, no obstante ser inmensamente mas profundo en su concepción óntico-metafísica Lao-tse, con esa visión estupenda del tao-sentido del Universo, no llega a tener la excelencia valorativa de las parábolas del Nazareno.

No cabe duda de que el mundo es complejo pero al mismo tiempo tiene un encadenamiento perfectamente vital. No hay una máquina tan perfecta como el organismo, no hay un análisis tan admirable como la síntesis. El mundo heterogéneo y múltiple, lleva en cada una de sus manifestaciones todo el influjo de sus partes, toda la depuración de sus elementos. Nada hay despreciable en el mundo, la existencia plena de sentido sabe que lo mismo la bondad que el mal entregan esencias virtuales de gran estima al desarrollo de la humanidad. Lo grandioso del Universo, como de la Vida, como del Hombre, está en la unidad que ha sabido compendiar todas las formas de la realidad a través de los opuestos y gracias a sus mismas contradicciones.

Los valores culturales tienen su fuente tanto en el individuo como en la comunidad y es porque no podemos de ninguna manera separar al hombre de la comunidad o pensar en la comunidad sin el hombre. Han desnaturalizado la esencia humana los que han creído.

Han desnaturalizado la esencia humana los que han creído investigar el fenómeno de la cultura desligando falsamente al hombre de la colectividad, así como lo mismo han hecho los que han tomado como fetiche a las sociedades humanas y han creído encontrar en ellas, toda la fuente del saber y de la emoción, despreciando las significativa del hombre.

Pero hay que saber en que manifestaciones individuales se crean los valores, en que manifestaciones culturales se realizan los mismos. Este es propiamente el problema que nos llevará a diferenciar los elementos anímicos de los espirituales en el hombre; las formas naturales y vitales de los culturales en la comunidad. Este es el problema que nos hará ver la parte de la realidad social desconocida por los sociologistas, y la parte noble en el hombre ignorada por los psicologistas. Pero también haremos notar que estas fuerzas inferiores, telúricas, como las llama Keyserling, tienen una influencia decisiva en la producción de la cultura, son elementos de gran valía en la posibilidad de los valores y aún en el desarrollo y en la vitalidad de los mismos.

El sentido de la cultura solo se encuentra cuando se ha sabido internar en los más recónditos valores del yo, cuando este yo ha sido un fiel reflejo del macrocosmos y de la humanidad; y cuando esta contribución ha tenido su vitalidad en la página de los siglos y en el sentimiento y alma de las multitudes.

En este sentido las palabras de Carlos Marx tienen un sentido profundo. "No es la conciencia de los hombres la que determina la realidad: es, por el contrario la realidad social la que determina su conciencia". Pero tendríamos que agregarle "No es la conciencia así formada la que constituye la cultura; es, esta misma conciencia la que acogida por la colectividad se desarrolla, se fortalece y vive en una floración cultural". "Es la realidad social la que determina la conciencia de los hombres, pero también es la conciencia de los hombres la que determina el germen de lo cultural" Para mayor entendimiento diremos en resumida forma "es la cultura el producto de la realidad social que determina la conciencia de los hombres, esta conciencia que da los elementos germinales a la realidad social; y esta realidad social que esculpe y da vida a los productos que le ha entregado el hombre". La realidad social determina la conciencia de los hombres. La conciencia de los hombres aporta la semilla, el semen de los valores culturales. Y nuevamente la realidad social fructifica, da vida a este germen y lo convierte en toda una existencia cultural.

"Los hombres hacen su historia" (die Menschen machen ihre Geschichte) ha dicho Engels y agrega "La historia ha hecho al hombre". Hay que descubrir "aquellos móviles (Beweggrunde) que ponen en movimiento a grandes masas, a pueblos enteros, y en cada pueblo a clases enteras", como quiere el mismo Engels; pero también manifestar aquellos móviles que ponen en acción el espíritu del hombre, que le hacen sufrir para dar a luz una bondad al mundo, que le hacen angustiarse para entregarse todo entero a una realidad bella, justa o bondadosa".

Toda cultura es vida, es el encadenamiento más perfecto, es el sentido del Universo que, para realizarse, necesita la plenitud de todas las formas. En el seno de toda cultura existe necesariamente la contradicción, que es la fuente del sentido.

Engels también ha supuesto la necesidad de saber cuales son "las fuerzas motrices ocultas detrás de esos móviles, cuales son las fuerzas históricas que se transforman en los cerebros humanos con tales móviles. Es urgente, por lo tanto, investigar la realidad de la existencia social que se refleja en la conciencia del hombre, pero también ver esta realidad objetiva que el hombre crea y que se refleja en la conciencia de la colectividad.

Algunos filósofos de la cultura hacen resaltar el valor del producto humano, junto a la contribución de la masa. Así Huizinga exclama "Cuan alto y durante cuanto tiempo no han resonado los gritos-ya lo mencionamos anteriormente. !No nos sigan dando héroes y tiranos, no nos describan las vidas de mortales desde la cuna a la sepultura, no sigan buscando lo que movió al individuo Dadnos antes la vida de las masas, sus penas y sufrimientos, sus esperanzas e ilusiones, sus pasiones y sus hechos violentos! Está bien, pero nunca se llegará a la comprensión de todo esto, a la comprensión histórica, si no visualizamos la imagen de los individuos, que fueron los primeros en concebir los pensamientos, que cobraron ánimo para obrar, que arriesgaron y salieron victoriosos, donde otros muchos se entregaron a la desesperación". Palabras que fueron hace apenas unos cuantos meses (julio de 1934) dichas en la Universidad Internacional de verano de Santander por este penetrante pensador holandés.

Es cierta la frase del mismo pensador "la pregunta de, si es el individuo o el grupo el que hace la historia, es lógicamente imposible de contestar, y para el historiador, irrelevante". No es posible señalar una cosa sin la otra.

Hemos analizado demasiado la realidad y la hemos generalizado después de este análisis, de una manera impropia. Al analizarla la hemos intuido falsamente, al generalizarla la hemos conceptuado con un sinnúmero de defectos. La falsa dualidad que nos ha perjudicado notablemente es la de la intuición y la razón, la de lo irracional y lo racional. La intuición no nos ha servido para aprehender el hecho en toda si síntesis, en toda su vida; la razón no nos ha servido para reproducir con exactitud el objeto. Y esto obedece a que lo irracional lo hemos distinguido diametralmente de lo racional, hemos señalado barreras donde no existen realmente.

La fuente de lo racional está en lo irracional. Y cuando hemos llegado a la realidad solo con el dato de lo irracional, constantemente lo empleamos en la forma menos interesante del mismo, en la forma de un romanticismo pobre porque carece de fe y de sacrificio, y entonces, las imágenes han sido burdas y las figuras desprovistas de verdad. Y en el momento en que pasamos a la intelección olvidamos las sanas conquistas de lo irracional y hacemos homogénea la heterogeneidad y discrecional la evolución del proceso continuo de la realidad; y caemos en el cientifismo que no tiene más valor que el de un fetichismo en los conceptos y en la esquematización de lo vital. Es urgente borrar esa nueva dualidad; el mundo, la vida y el espíritu deben captarse con el amparo de lo irracional como de lo racional, en armónica síntesis, en la, más profunda visión unitaria de los dos poderes del hombre: lo irracional que le entrega la vida y la racional que exige su naturaleza conceptual.

# 5.-Fuente de los valores en el individuo

Engels ha dicho de manera acertadísima: "Los hombres hacen su propia historia; pero no según su propio acuerdo y bajo las condiciones por ellos mismos elegidas sino según aquellas que les han sido dadas, y trasmitidas. La tradición de las generaciones muertas pesa como una montaña sobre el cerebro de los vivos" (die Menshen Machen......

Estas palabras nos dicen demasiado. Ellas saben justipreciar la contribución cultural del individuo. Ellas establecen una nueva interpretación en el problema sobre la fuente del valor cultural. Si los investigadores se fijaran más en el significado de estas expresiones, tanto los defensores como los impugnadores sabrían colocar la tesis de los marxistas en su justo valor. En ellos no se extrema la contribución de la colectividad hasta el grado de destruir la labor del individuo. En ellos se encuentra una nueva tesis que desarrollada, puede darnos los mejores frutos. Ya Spencer indicaba que en el individuo existían elementos que tenían la apariencia, de verdaderos a priori (datos no sacados de la experiencia) pero que eran el resultado de una larga serie de experiencias a través de la especie. Lo que es apriori en el individuo es aposteriori en la especie. Tal es la frase que resume el pensamiento de este evolucionista.

La similitud entre los dos pensamientos es muy grande pero tiene diferencias también radicales. Spence ve el problema desde un punto de vista fundamentalmente evolucionista. La herencia no sólo existe en el elemento biológico sino también en el psicológico. La fuente de todo conocimiento y de emoción en la experiencia. Engels hace notar todas las fases de la doctrina anterior pero agrega un dato más: La historia, producto de infraestructuras y superestructuras la hace el hombre que toma sus elementos primarios también de la misma sociedad. No sólo es el dato hereditario sino fundamentalmente el del ambiente, el del medio social en que el hombre se encuentra sumergido; el que da todas las características a la creación cultural. En vista de estas dos doctrinas, la conducta del hombre se determina necesariamente por lo que sus antepasados le han legado y por lo que el medio social le impone a cada instante.

Pero cabe meditar si en ambas doctrinas el hombre obra fatalmente y, además, si estas contribuciones a que se refiere Spencer y Engels son de índole puramente psicológicas. En el caso del evolucionista Spencer, puede concluirse que se trata de un determinismo absoluto; que el apriori en el individuo es una consecuencia fatal del aposteriori en la especie. Así como el individuo hereda características desde el punto de vista biológico de una manera fija y necesaria; así también el individuo refleja y hace suyos los pensamientos, las ideas, los sentimientos, las visiones de sus ancestros.

En el caso de Engels la solución no es absolutamente definida y fácil de escudriñar. El nos habla de un proceso histórico que no tiene una relación única de causalidad eficiente. Nos indica que en la historia de la sociedad por el contrario todos sus protagonistas son hombres dotados de conciencia; nada se hace en ella sino un propósito consciente, sino un fin deseado. "Nichts Geschieht ohne bewusste, Absicht, ohne gewolltes Ziel".

Este solo pensamiento nos lleva a afirmar un sentido teleológico de la historia así como del individuo, un libre albedrío en el individuo que hace posible su actuación bajo determinados aspectos. El proceso histórico tiene, entonces, un desarrollo que no obedece única y exclusivamente a causas anteriores, sino también a propósitos conscientes y a fines deseados. Nace entonces en nosotros la duda de cuales su verdadera posición con respecto al libre albedríos; de si sus decisiones son condicionadas por la historia que es esencialmente finalista. En el "Anti-Duhring" podemos encontrar la solución a este problema de vital importancia para nosotros.

Al hablarnos de la libertad y la necesidad, recuerda la tesis de Hegel, "que fue el primero que supo exponer de un modo exacto las elaciones entre la libertad y la necesidad. Para él, la libertad no es otra cosa que la convicción de la necesidad. La necesidad solo es ciega en cuanto no se la comprende. La libertad no recibe, pues, en una soñada independencia de las leyes naturales, sino en la conciencia de esas leyes y en la posibilidad que lleva aparejada de proyectar las racionalmente sobre determinados asuntos".

Esta concepción nos entrega dos puntos capitales: la afirmación de las leyes naturales y la posibilidad de aplicarlas a determinados fines. Esto no solo rige a las leyes de la naturaleza exterior, sino también las que encausan la naturaleza corporal y espiritual del hombre. "El libre albedrío no es por tanto, según eso, ni puede ser otra cosa que la capacidad de decidirse con conocimiento de causa. Así, pues, cuanto más libre sea el juicio de una persona con respecto a un determinado problema, aún más señalado será el carácter de necesidad que determine el contenido de ese juicio; en cambio, la inseguridad que, basada en la ignorancia, parece elegir libremente entre un cúmulo de posibilidades distintas y contradictorias, demuestra precisamente de ese modo, falta de libertad, demuestra que se haya dominada por el objeto que pretende dominar.

La libertad consiste, pues en el dominio de nosotros mismos y de la naturaleza exterior basado en la conciencia de las necesidades naturales; es, por tanto, forzosamente, un producto de la evolución histórica". Con estas palabras Engels nos entrega una tesis del libre albedrío que se aleja radicalmente del determinismo de Spencer y de la falsa interpretación de los pseudo Marxistas que creen ver en la casualidad el fin último de todo lo existente. Siguiendo los pasos de Hegel, Engels afirma la posibilidad de la libertad más absoluta a través de la evolución. "Los primeros hombres, nos dice Engels, salidos del reino animal eran, en todos los puntos sustanciales de su vida, tan poco libres como los animales mismos; pero cada paso dado en la senda de la cultura es un paso dado en el camino de la libertad."

Nuevamente tenemos que <u>desechar de nuestro espíritu otra dualidad; la necesidad y la libertad</u>. Son elementos que se enlazan tan íntimamente que hace más libre al hombre cuya conciencia tiene la certeza más amplia de la necesidad. Cuando esta conciencia de la necesidad es mínima, es máxima la sujeción el hombre a las leyes de la naturaleza y carece, casi por completo de la propia libertad. La Historia tiene su base en el fin deseado, en el propósito que encierra; pero este fin deseado y este propósito conciente varían en el campo de la libertad conforme ellos están más cercanos a la comprensión de la necesidad. Las sociedades modernas hacen su historia prefijando sus fines, pero solo los conciben y tratan de realizarlos cuando son conscientes del camino necesario que deban seguir, cuando se dan cuenta cabal de las condiciones que deben satisfacerse necesariamente y de las posibilidades de estas mismas realizaciones.

Estas ideas interpretan ampliamente en pensamiento del socialismo marxista. En el no encontraremos ese criterio causal, fatalista del cientificismo, de los que solo estiman como fundamento del universo la rígida ley de la causalidad eficiente. Ni tan poco encontraremos ese criterio de libertad arbitrario, que hace del hombre una veleta sin timón y solo sujeta a las arbitrariedades del acaso.

Por desgracia las dos tesis siempre han imperado y unas veces afirmando el determinismo más absoluto, el hombre ha creído ver todo su ser sometido a una ley necesaria y excluido de la responsabilidad y por tanto de la dignidad que como hombre le corresponde. En el otro caso, ha supuesto una libertad ilimitada en el individuo y se ha creído en su propia ignorancia, ser capaz de desarrollar una vida virtuosa, una existencia íntegra sin tener el más insignificante elemento de conciencia de la realidad universal. Tenía en gran parte razón Sócrates cuando afirmaba que el hombre llegaría a ser bueno sólo en el caso de que conociera suficientemente su propia naturaleza. Gnoti seatum Yn interiore homine habitat veritas. Frases profundas de la sabiduría griega y patrística que vense reproducidas en las épocas más remotas a través de la religión del Shinto en el lejano oriente.

El individuo crea, en este sentido, los gérmenes de la cultura, basándose en su propia lealtad. A medida que el hombre es más culto, su libertad va acentuándose más y más, pero al mismo tiempo, como consecuencia de esto, la conciencia que tiene de la necesidad es más intensa y solo obra para encausar los procesos que seguirán fatalmente un camino determinado. Es el caso del hombre que puede realizar por sí mismo, las iniciaciones que más tarde convertirán en las creaciones culturales mas llenas de vitalidad.

Es Jesús, el que compenetrado de la palabra universal crea en la responsabilidad más firme del hombre. Es Juan y Sebastián Bach el que sujetándose a las leyes armónicas, nos da las más esplendidas emotividades, los más libres y a la vez ordenados sentimientos de belleza. Es Lenin, el estupendo conductor de las masas trabajadoras, el que apegado al criterio más amplio del valor humano señala una disciplina ardua y severa a su pueblo para lograr su propia exaltación y para servir de ejemplo a las demás naciones del orden. Y todos llegan a la realización máxima de la bondad, de la belleza y de la justicia porque saben encausar la libertad en el sendero de la necesidad y comprenden que solo pueden realizar su obra si identifican estos contradictorios en una espléndida síntesis.

La creación individual tiene su fuente en el terreno de lo cultural siempre que exista la conciencia de la necesidad y del sentido de lo existente. Pero esta conciencia, ¿donde debemos encontrarla?. Ni Engels, ni Marx, nos indican cuales el centro de esta conciencia. A primera vista parece ser que está en la elaboración científica pero bien vista, encontramos que es insuficiente para señalar los derroteros que siguen los valores más altos del hombre.

Realmente esta conciencia solo radica en el propio espíritu, ese espíritu que ni Engels, ni Marx negaron nunca, ese espíritu que había de concentrarse en el hombre y en la colectividad a través de la enseñanza profunda de Feuerbach. Ese espíritu que tiene las más íntimas relaciones con los fenómenos pelúricos que han merecido el desprecio injusto del pensador burgués, conde de Keyserling. En la esencia del hombre está propiamente ese dato primario de su destino y actividad, aun cuando esta esencia sea también determinada por el sentido profundo de la comunidad.

Esta conciencia está mas allá de lo psicológico y ve directamente a la naturaleza mas noble del hombre. No por esto creemos que sea el espíritu la fuente de todo lo existente, es el remate en donde florece la conciencia de todos los ritmos del universo, el manantial que nos entregará el agua cristalina que sirva para hacer fructificar lo más árido de la existencia; pero la floración no será el producto del agua, sino la realización de elementos innatos en la tierra. La cultura no será la consecuencia del espíritu del hombre, sino que éste hará realizable lo que está en potencia en el hombre y en la colectividad.

La fuente de la creación individual está en su libertad y, con ésta, en la realización de los poderes más selectos de la humanidad. Llamaremos a esta libertad y a estos poderes: espíritu; le llamaremos con cualquier nombre, pero siempre será en esta región en donde encontraremos la esencia del elemento germinal de la cultura, los datos primarios de la Historia.

A la vez, esta libertad es el producto individual de la conciencia y estos poderes el producto social de momentos anteriores de la historia y del medio cultural que rodea al hombre. La libertad será el sentido más profundo de la obra humana y ahora, por nuestra cultura misma, podemos realizar la mejor. Pero cabe la posibilidad de que el hombre no sepa recoger este ambiente cultural, favorable a su propia libertad y se convierta en el libertino que de por si, es el hombre menos dueño de su libertad. La historia misma, producto de hombres, connota posibilidades más amplias de libertad y señala su propio destino basado en propósitos conscientes y en fines deseados. Pero ésta realización es el resultado de las manifestaciones de los poderes del hombre que solo la conciencia de la necesidad pudo haber realizado plenamente.

# 6.-Fuente de los valores en la comunidad

Si los valores culturales radican en la comunidad, cabe preguntar: ¿se refieren a los procesos, factores o sinergias sociales?; o ¿se refieren a elementos distintos de los estudiados por la Sociología común y corriente, a productos especificamente culturales?.

Es difícil la cuestión de determinar la fuente de los valores culturales en la comunidad. Indudablemente que este problema tiene también raices en la producción individual, tal como lo expusimos en el capítulo anterior. Pero cabe meditar si los valores culturales son el objeto de la disciplina que estudia las relaciones sociales, la ciencia llamada Sociología. Sistemática; o si, por el contrario, es necesario crear disciplinas nuevas que nos auxilien: a).-para comprender las relaciones íntimas que guardan estos procesos con las ideologías, pensamientos, voliciones directrices de una época; y b).-que sirva para explicarnos propiamente la formación de la cultura en su estructura íntima, que nos haga ver la esencia del ambiente cultural que existe en un período determinado de la historia.

La disciplina que nos entrega las funciones y las consecuencia de los hechos de sociabilización sean positivos o negativos, las relaciones existentes entre hombres y grupos, el análisis y organización de los procesos sociales, así como la investigación de las formas sociales, mediante su referencia a los procesos y ordenación de las formas sociales, es el fundamento de la Sociología hasta ahora elaborada tal como lo proponen sociólogos de tanta valía como Leopoldo Von Wiese, Guillermo Stok y sobre todo Hans Plenge.

Así concebida la Sociología ofrece caracteres perfectamente específicos que la hacen clara, diáfana, y que le impiden llegar a terrenos que no le corresponden. Ya Jorge Simmel nos da un ejemplo de este género de estudios, el mismo nombre de su obra no los dice claramente: "Soziologie, Untersuchungen ueber die Formen der Vergesellschaftung", (Sociología, Investigación sobre las formas de socialificación). Esta obra escrita a principios del presente siglo señala claramente la tendencia científica de una investigación posterior. Lo propio hace el eminente economista y sociólogo Max Weber al estudiar en su obra, aún no terminada: "Wirtschaft und Gesellschaft" los actos sociales, viendo de cerca sus procesos y sus consecuencias.

Pero el fenómeno de la cultura y, principalmente, el de los valores, no se aclaran con esta sola investigación. Es necesario investigar las relaciones íntimas que tienen los valores, tanto con los procesos de socialificación como son los contenidos primarios de la Sociedad; las condiciones biológicas, económicas, climatéricas, etc. Ver la íntima unión entre estos factores y las idealidades, los fines, propósitos y aún los pensamientos directores de una época determinada de la historia, constituye un nuevo problema alejado un poco de los asuntos tratados por la Sociología sistemática.

Es necesario determinar estas relaciones con mayor interés y detenimiento, relaciones entre los fenómenos telúricos y los culturales. Investigar las relaciones existentes entre la infraestructura y las superestructuras. En este sentido, es el Marxismo una de las disciplinas más penetrantes, más significativas de nuestra época. A el se debe la iniciación, ya de una manera científica, de la investigación de las relaciones entre estas dos clases de fenómenos sociales.

Hace tiempo creíamos que las ideologías así como todas las formas de la Cultura eran dadas a la sociedad por verdaderas o creaciones divinas, generalidad de determinados hombres por el desarrollo de la Historia a través de fines supremos prefijados. Pero es el Marxismo el que mejor viene a establecer las causas eficientes en aquel conjunto de fenómenos que por lo regular se desprecian y que ven directamente a aquellas formas primarias de la vida y de la comunidad.

Con el Marxismo se inicia una época en que las formas superiores, llamadas superestructuras, tienen sus raíces en la infraestructura económica; y a las variantes de esta infraestructura corresponde necesariamente variantes en toda la gama de valores super estructurales. Lo propio lo encontramos en una investigación superior como es la del Psicoanálisis. El tabú, el totem, etc. se crean al amparo de exigencias biológicas; y la voluntad de poderío y la sexualidad determinan las más altas formas de la cultura.

A estos dos grandes problemas de la vida cotidiana primarios para la vida: el económico y el biológico, se les da por primera vez una influencia decisiva en la investigación de la Historia y de la Cultura. En este sentido las dos disciplinas son de una importancia que hasta la fecha no hemos podido apreciar. Todas las formas de nuestra manera de pensar habían tenido por base la sobrestimación del espíritu en la producción de la cultura.

El hombre en este camino falso había llegado en el siglo pasado a la estimación máxima cuando hizo consistir la existencia del Universo en el Yo puro, en la Entidad absoluta, en el Espíritu absoluto. El Idealismo alemán marca este sendero llevando las consecuencias hasta sus últimos extremos y Marx y últimamente Freud reaccionan violentamente y nos entregan, tal vez de manera inesperada, una nueva interpretación del mundo, más justa para la vida de la Humanidad, más comprensible para las necesidades cotidianas de todos los hombres.

Parece que con estas doctrinas el hombre desmerece en su naturaleza superior y esto nos recuerda aquel terrible combate entre la ciencia que hacía ver la tierra no como el centro del Universo y al hombre creado en un proceso evolutivo y de ninguna manera en la forma de nihilidad. Pero aquellas interpretaciones y éstas, a que nos estamos refiriendo, han sabido colocar al hombre en una situación mejor, le han hecho factible de un perfeccionamiento, le han condicionado a buscar los medios más eficaces para resolver la situación económica y biológica. Le han favorecido en la conducción de sus elementos inconscientes y le han visto contemplar al Universo como un piélago infinito de Islas Universales.

Claro es que estas transformaciones, verdaderas revoluciones, han sido en sus principios absolutamente extremas y radicales. En un tiempo se creyó que la naturaleza humana podía descifrarse valiéndonos únicamente de la investigación evolucionista de los seres organizados; ahora se cree, por un lado que la misma naturaleza humana puede explicarse únicamente por el proceso económico de los pueblos; y por otro lado, sólo por las fuerzas internas biológicas de la sexualidad o de la voluntad de poderío. Es indispensable que así como aceptamos las más hondas transformaciones en la concepción del hombre y de la cultura, basándonos en hechos nuevos y hasta ahora despreciados, sepamos tener la prudencia para estimar sus límites y no despojarnos en un sendero que forzosamente tendría que ser tan nefasto como el primero.

La creación de una nueva disciplina que nos haga ver estas relaciones, ya es necesario impulsarla; al hacer la descripción fenomenológica de las esencias - significaciones, como de las esencias - valores; en una palabra de las esencias puras, Max Scheler, ve la necesidad de aprovechar los elementos sociológicos. Para él, cada época histórica y cada totalidad esencial cultural tiene su propia "razón apriorística". Su modo propio de aprehender el mundo, sus intuiciones y pensamientos característicos, sus emotividades propias. En la Soziologie des Wissens, (Sociología del Conocimiento) nos habla de las categorías Kantianas, como productos de una cultura accidental; es la moral de Kant una manifestación del "Ethos" de una región determinada de la Germania. Los "apriori"- considerados por Kant, como elementos universales y eternos, en esta nueva interpretación de Max Scheler - se vuelven variables, "relativos a grupos y a épocas históricas".

La Kultursoziologie tiene este objetivo, mientras que la Realsoziologie sólo trata de ver las formas reales de la socialificación. El a priori no es otra cosa más que la funcionalización de la intuición esencial. (Funktionalisierung der Wessenchau).

En un pluralismo de vías se llega a la realización de dicha intuición. La exposición la hace clara y evidente el citado filósofo en su bellísima obra: "Vom Ewigen im Menschen" (De lo Eterno en el Hombre).

En este desarrollo ideológico existen también falsas creaciones, "ídola" creados por el odio, el miedo, el resentimiento etc.; y la sociología del conocimiento debe entregarnos las bases de esta estimación. Esta disciplina tendrá un triple objeto: primero, a llegar a investigar los a priori subjetivos y funcionales y describir la variabilidad de la razón humana; segundo, presentar la perspectiva del mundo de las esencias en su infinito cambio; y tercero, eliminar las ilusiones colectivas. Comprende propiamente dos grandes problemas: la "Sociología del Conocimiento" y la "Sociología de la Moral".

En la primera se investigan fundamentalmente la estructura y la naturaleza del conocimiento en su relación con la forma social en que se crea; la variabilidad de la "concepción natural del mundo" y el proceso genético sociológico del saber. En la segunda investigación se estudian los cambios de los a priori morales, de la intuición emocional de los valores mismos concernientes a la estructura del sentimiento puro; de la aprehensión moral, de los tipos de la conducta e instituciones morales; así como el devenir perpétuo de la moralidad práctica. Gran parte de su libro "Der Formalismus in der Ethik und die materiale Wertethik" (Del Formalismo en la Moral y la Etica Material de los valores) está dedicada a estas lucubraciones y aun se encuentran mayores detalles en la otra obra del mismo autor interesante por todos conceptos, intitulada "Von Umstuz der Werte" (Del Derrocamiento de los Valores).

De todas maneras, el estudio de estas relaciones constituye algo primordial para el momento que vivimos, supuesto que sabe interpretar, de manera más justa, las relaciones que habíamos desconocido entre el saber y los momentos históricos, en grave perjuicio para la Epistemología o Teoría del Conocimiento, la Sociología y el problema especial de las funciones asignadas a las Universidades. Pero al mismo tiempo debemos referirnos a otra disciplina que sepa investigar la cultura, los valores culturales como productos de manifestaciones sociales. Que se de cuenta de la naturaleza del valor inmanente a la colectividad así como de las formas más profundas de las culturas. Ha habido sociologos que apenas han iniciado esta nueva investigación. Alfredo Weber en sus "Ideen zur Staats - und Kultursoziologie" nos da algunos elementos de esta disciplina que corresponde a una investigación de productos desconocidos para la sociología común y corriente elaborada por Comte, Schäffler, Spencer, entre otros meritísimos científicos. Esta rama debe estar en contacto directo con la de la Sociología del Conocimiento tomando en cuenta fundamentalmente la creación de la cultura en los conglomerados humanos.

La cultura se desarrolla desde el individuo que recibe del ambiente natural y cultural las bases de su propia elaboración; sigue creándose vigorosamente en la comunidad con un sentido y realización condicionados por las necesidades vitales, económicas, políticas y sociales en general. Sólo en este último instante es cuando se realiza plenamente el valor cultural. La contribución cultural del individuo es aceptada en la masa, en el pueblo cuando lleva el carácter de necesidad, cuando se ajusta mejor a las exigencias y aspiraciones de las sociedades, y sólo en este instante la colectividad la toma, la forja en su naturaleza íntima y la convierte en el valor del pueblo. Es, ese espíritu de que hablara Puchta siguiendo los pasos de Savigny. Es el ambiente cultural, Volkgeisst, ampliamente investigado por Hegel y magistralmente interpretado por Marx y Engels.

A faltado la lucubración de estos últimos campos de investigación. Por eso mismo hemos falseado la realidad histórica, tratado de reducir todos los fenómenos más significativos de la historia a los procesos rudimentarios de la vida de las sociedades. Hemos confundido la consecuencia con la causa y una de las causas eficientes con la totalidad de las mismas. Hemos tratado de simplificar lo que es múltiple y heterogéneo.

El proceso consiste en que la aportación individual se convierta en un valor colectivo, tiene sus más profundas fuentes en los fenómenos vitales de la economía y de la biología, de las exigencias psíquicas como de las fuerzas del medio físico en que se ha desarrollado. La semilla, el germen, el hombre las deposita en el terreno fértil de la colectividad. Para que ellos se conviertan en vigorosos arbustos o en potentes organismos no sólo exigen su propia fuerza potencial sino que requiere que se les alimenten y se les fortalezcan con los medios materiales del suelo, el clima, la lluvia y la corriente fluvial.

Así son los valores culturales. El hombre aporta, después de recoger para sí el ambiente que le rodea, de purificarlo y de entregarle su propia potencialidad, su contribución cultural; la entrega la colectividad y ésta la acepta si está de acuerdo con las necesidades vitales de la comunidad así como con las exigencias del ambiente histórico.

Aceptando esta contribución, la entrega entonces su propia savia, la moldea en caracteres especiales y la va transformando y purificando en cada instante. Es esa variabilidad a priori a que sagazmente dedicó sus mejores páginas el maestro Scheler. Toda obra artística, bondadosa, justa, verdadera para poder tener en cada momento su misma estimación debe siempre, en cada instante, ser alimentada por el momento histórico que la aprecia y la aprovecha.

La obra al realizarse en el genio no ha sido plenamente creada, necesita del moho de los tiempos, de la página de los siglos de esa, profunda vitalidad que sólo el tiempo sabe entregarla cuando es alimentada por el alma de los pueblos. Por eso es grandiosa la cultura, cada momento está creándose, cada instante está engendrándose. Hay verdadero esplendor en ese proceso de infinitas realizaciones ignoradas aun por el hombre que tuvo la osadía, el talento, la genialidad, el poder de realizar y entregar la primera célula al vivir de la colectividad humana. Pero no termina el proceso aquí, el arbusto llega a dar frutos lozanos, perfectamente maduros si la vitalidad le ha sido suficientemente entregada.

Así también aquél elemento ya creado por la sociedad misma, aquella idealidad, aquella esperanza, aquél pensamiento aquél sentimiento que ha sido moldeado por el ambiente, llega en último término, a dar su óptimo fruto que es el valor plenamente realizado Objetivo, real, perdura entonces a través de los tiempos como una de las conquistas más sagradas de la humanidad. Es la cultura que se refleja en las estupendas creaciones de las colectividades de Atenas, Roma, Bizancio, París. Es la cultura que todavía tiene el anhelo de perpetuarse porque el fruto posee semilla, y ésta constituye la esperanza y además la fe de una nueva creación. Es ese conjunto de valores que la Edad Media nos presenta en su concepción del mundo, en la realización del infinito a través de sus catedrales o en la creación de su Dios; compenetrado de intuición, de pasión y de misticismo.

Hay en la sociedad, así como en el hombre, fuerzas que hacen que la obra de la humanidad tienda a perpetuarse en objetividades de trascendencia. Estas objetividades son propiamente el núcleo de la cultura, tan reales como los objetos físicos que percibimos a nuestro derredor. Este es el mundo de los valores y de los objetos ideales. No es ocioso remarcar, una vez más, que estas regiones de la realidad no se oponen a la materia y a la energía, no están alejados de su influencia y de su poder. El materialismo y el espiritualismo se compenetran, tan íntimamente que casi es imposible decir cuales son sus barreras límites.

Podríamos decir que ambas, como tesis contrapuestas, únicamente existen en la mente del hombre, en si crean la síntesis llamada Cultura. Es el primero del proceso dialéctico, es la primera contradicción que no sólo es capaz de modificar la realidad sino de crear realidad. La cultura de la creación de la tesis llamada exigencias vitales y naturales de la colectividad y de la antítesis que se resuelve en el sentido que llamamos espíritu tanto del pueblo como del hombre. No sólo hay procesos dialécticos en los contenidos del pensamiento puro, como lo ha demostrado Hegel, sino en dos campos más: el material, el energético y vital y en el de transición entre ambas esferas. La infraestructura es la tesis, la contribución espiritual del hombre y de la sociedad, es la antítesis y la superestructura es la síntesis.

Es la libertad consciente de la necesidad, es el valor cultural enraizado en los fenómenos telúricos, es la tesis en la antítesis; lo que produce la cultura, lo que engendra el valor a través de todas las manifestaciones del Universo y de todas las espontaneidades de la Historia.

# 7.-Verdadera fuente de los valores.

De lo dicho podemos entonces concluir que la verdadera fuente de los valores está tanto en el individuo como fundamentalmente en la colectividad. Ambos manantiales entregan sus más puros elementos a la formación de la cultura y ésta sólo se realiza en y para ese complejo múltiple que se llama conglomerado humano. Poca enseñanza nos ha entregado el individualismo cuando exaltando el valor del hombre en su unidad, nos hace creer que es el único productor de los valores culturales; y lo propio acontece con la tesis extrema colectivista que estima como única fuente de la civilización y de la cultura al fruto elaborado por las masas y las comunidades. Son teorías que deben desaparecer por su exclusivismo.

La creación de la cultura necesita tanto del genio como de las exigencias y aspiraciones de los pueblos. Y ya hemos visto, como la misma creación del hombre individual también reproduce el ambiente en una admirable síntesis. La dualidad es lo que ha desnaturalizado la esencia, no sólo de la cultura, sino del hombre mismo. El ser humano es por esencia social, su naturaleza jamás puede desprenderse de la comunidad, aun cuando él es capaz, como todo medio, como toda fuerza, de entregar lo recibido ya transformado y hacer una verdadera creación en el sentido más amplio de la palabra.

Cuando el INDIVIDUALISMO llega al terreno del derecho y de la política, entonces crea falsas normas. La Revolución Francesa lleva fundamentalmente esta lacra. Alimentada por los pensamientos de los Enciclopedistas y fundamentalmente por la obra de Juán Jacobo Rousseau, estima los poderes individuales como los máximos elementos que el derecho debe proteger. Las garantías individuales son el punto de partida de este nuevo sistema. La libertad tiene un cariz específico, sólo es limitada por aquellas normas que expresamente la restringen. No corresponden a una afirmación sino al límite de varias negaciones. La igualdad se refiere sólo a la aplicación del derecho, aun cuando este derecho tenga en su formación y en su estructura, miras perfectamente parciales a favorecer a clases privilegiadas. Principio frente a la ley y no frente a la naturaleza humana.

Lo propio acontece cuando es la tesis colectivista radical la que domina. Entonces, con un desconocimiento total para el valor de la persona humana, se exaltan los derechos de las masas, se crean las peores dictaduras que ahogan la iniciativa y el trabajo individuales. no valen ni la libertad, en el sano sentido de la expresión, es decir como aquella facultad que debe obrar consciente y electivamente sólo para proporcionar un bien a los semejantes o aun más profundamente, como la conciencia más absoluta de la necesidad; no valen el desarrollo integral del hombre tomando éste no con el concepto personalista de Agustín ni de Scheler, sino con el más profundo de verdadera realización de comprensión del momento histórico, frente a la fuerza de las masas. Se crea entonces un fetichismo que afirma hallar lo substancial de toda la cultura única y exclusivamente en los pueblos y en las dictaduras.

En la primera tesis, el individualista, el concepto de democracia es absurdo, no por diferenciar las diversas potencialidades de los individuos, sino por aceptar el voto de las mayorías sin tener plena fe en los productos aportados por la comunidad. La democracia es la suma de pareceres más no la totalización y el producto unitario de un pensamiento, de una emoción o de una voluntad. Es híbrida, pues está fincada en un principio de igualdad sólo de derecho, de individuo sólo en ficción y en una razón de mayoría que no tiene su fundamento ni siquiera en el concepto más penetrante de comunidad. Acepta la connotación de sociedad e ignora la de comunidad en las sabias lucubraciones de Tönis. Gelschaft o Gemeine.

En el otro sistema el colectivista, la estimación de los valores comunales se estrella en la dictadura ejercida por individuos o camarillas que creen ser los portadores del sentido más profundo de la historia. En el primer sistema, analizado en sus bases hace un momento, la libertad es máxima y el derecho es impotente para señalarle su propio contenido. En realidad, la libertad no llega a tener un sentido propio se pierde en las tenebrosidades de lo ilimitado y en las lucubraciones más variadas y heterogéneas; sólo se le puede precisar, como dijimos, en el sentido de una negatividad formulada por la ley.

Dice tanto que no dice nada. Abarca tanto que se limita a lo exiguo y a través del tiempo se trueca en palabra vana o en coraza de propósitos no sólo de naturaleza bondadosa sino aun de los más perversos e inicuos. Se llega con toda facilidad a sostener un verdadero libertinaje, favorecido por la mediocridad del derecho positivo y por las tendencias ocultas de los sectarismos. En el segundo caso, el referido a la tesis colectivista radical, la libertad se anula, el hombre es el resultado de la masa y, ésta, la única que determina, el sendero de la actividad intelectual y emocional bajo el amparo de la anulación personal.

En la primera tesis la fraternidad tiene el defecto de estimar únicamente aquella establecida sobre la base egoísta del individuo y de la clase. Será una burda imagen, una mala caricatura del verdadero amor al prójimo. Bajo el disfraz de la fraternidad se esconderán el egoísmo del hombre y la exaltación de la clase privilegiada para su propio provecho. Íntimamente ligada a ésta situación política, estará la condición moral, egoísta y farsante, toda anegada en conceptos equívocos y fáciles de desvirtuar según las circunstancias.

En la segunda tesis, la fraternidad se convertirá en un deber a la masa, en una obediencia de rebaño, en una servidumbre de esclavos a la voz del amo. Creerá encontrarse la fraternidad universal y lo único que se hará, es perder la simpatía y el amor que nacen únicamente cuando se tiene la más completa conciencia de la libertad y del valor personal, que sólo se desarrollan en un ambiente en que cada uno tiene la más profunda fe en entregar un bien elaborado por el propio esfuerzo y plasmado si es posible en el más cruel sufrimiento. La fraternidad será la sumisión a la dictadura de los más, la anulación del valor personal al imperio de las clases triunfantes.

En ambas doctrinas, la que exalta al individuo y la que hace lo propio con la comunidad, se desvirtua el sentido profundo de la humanidad, se peca por exclusivismo y por incomprensión La fuente de los valores culturales está en la íntima compenetración de las dos fuerzas, en la más profunda síntesis de los dos poderes, en aquel tránsito de la vida que no puede señalar límites y que, sin embargo, llega a crear caracteres perfectamente definidos. El niño se torna hombre pero, ¿cuándo ha terminado su proceso primario?, ¿cuándo ha empezado el desarrollo del segundo estado?.

La vida es así, no presenta ningún límite sin embargo es variable, no deja de ser unitaria y sin embargo es múltiple Tesis y Atítesis.

Sintésis, realización de la existencia. Para comprenderla hay necesidad de seccionarla brutalmente; para involucrarla y para conocerla, hay que llevar todo ser a nuestra conciencia y verlo desplegarse contradictoriamente en toda su magnificencia. Es la sinfonía de ritmos diversos que lleva sólo un sólo dolor; es el canto polifónico que entraña sólo una alegría.

La cultura es la expresión de esta admirable síntesis, es, propiamente, el sentido del universo resolviendo esa serie interminable de contradicciones, de tesis opuestas, de situaciones totalmente divergentes

Los valores culturales son el resultado de estas dos fuerzas. Se desarrollan en un definido proceso dialéctico y actúan una sobre la otra de manera eficiente. La fuente de los valores se encuentra en esta íntima compenetración, en esta síntesis. Será el resultado de la lucha de los elementos anteriores. El individualista verá con horror la influencia de las masas, el colectivista tendrá desprecio para la labor individual. Ambas nunca podrán ver en su exclusivismo su mutua relación, sostén y fuerza.

Ya en época lejana un gran pensador, Savigny, al tratar del origen del derecho, creaba la escuela llamada histórica, buscando la fuente de los valores culturales en las costumbres y en las manifestaciones de los pueblos. Seguía de cerca la obra de Gustavo Hugo que tuvo la audacia de analizar la naturaleza del hombre como animal, como ser razonable y como un miembro del estado; examinó la cuestión de saber cómo se forma el derecho fuera del criterio, que sostenía que la ley debía ser considerada como la única fuente del mismo. Para él, el derecho positivo de un pueblo no es más que una parte de su lenguaje, tiene su mismo origen en las costumbres, en las circunstancias sociales en que se desarrolla el hombre.

Savigny amplía considerablemente esta doctrina y Thibault, toma el mismo punto de partida. La formación del derecho no depende del azar o de la voluntad libre de los hombres, es un producto del espíritu del pueblo, que se presenta como una necesidad colectiva y aun más como un producto espontáneo. Puchta sigue los mismos pasos, aun cuando presenta una marcada tendencia a la filosofía de la identidad de Schelling. Objetiva el espíritu popular lo lleva a la categoría del ente. Considera el desenvolvimiento del derecho como aquello que es útil para los individuos, elementos pasivos, ya que es natural y completamente independiente. No así Savigny que ve al Derecho como un resultado de la vida en común. Ambos tuvieron razón.

El hombre sirve de porta voz a la cultura forjada por generaciones, al ambiente ya realizado en épocas anteriores; pero también el Derecho es el producto de la convivencia de los hombres, de las fuerzas superiores que se manifiestan sólo en los conglomerados humanos. Toda la cultura es el resultado de la vida en común: "Eine gemeinschafttliche That", admirable conquista de Savigny y del producto anterior al hombre que le estructura su propia conciencia, que es anterior al hombre mismo por ser natural a la vida de los pueblos, "Naturwuchsigkeit", concepción de Puchta.

# ESTUDIOS FILOSÓFICOS Y SOCIOLÓGICOS

# PANORAMA SOCIAL DEL JAPON

Que solemnes suenan las campanas de
los templos en la ciudad cubierta de
niebla.

SOUN

Caprichosa es la mariposa que se posa
en una hierba sin olor.

BASHO

# "Panorama Social del Japón"

El castillo del emperador está blindado con acero, piedra y agua. El origen divino es respetado por el derecho. La monarquía constitucional ha abierto paso a la occidentalización del pueblo japonés. La Dieta Imperial con las cámaras de los Pares y de los Representantes, me recuerda inmediatamente la otra isla del mar del Norte. El gabinete tiene ya hondas raíces en las sufridas tierras de los galos y de los francos. Y el gobierno de la prefectura y de la ciudad; el sistema municipal y la organización sanitaria me hacen pensar en la diestra mano del técnico americano.

Toda una serie de tonalidades diversas. Desde el principio religioso del origen, hasta la organización de la limpieza de la villa. El noble en el Consejo Privado o en la Cámara de lo Pares, el plebeyo en los servicios administrativos o en la Cámara de los Representantes del pueblo.

Organizaciones viejas de la Europa mezcladas con creencias viejas del Asia y con costumbres nuevas de Norteamérica. El templo shintoísta Al lado, la Universidad de estilo gótico y enfrente el "Hall" de la ciudad.

> El castillo es hermético, y nadie osa llevar murmullos a sus paredes, ni quejas a sus almenas. Solo en la dieta imperial resuena a grandes voces el anhelo contenido de la muchedumbre.
>
> ...............................................

Es necesario no estar en la superficie, no contemplar nada más los copos de los árboles, la techumbre de las casas, los rizos de las olas. Es necesario que vaya adentro, que me interne .........

Para ello, nadie me hablará con claridad, no podré expresarme porque hay un oído que escucha y manda.

> Pero esto no importa. Vale más saber sentir el alma del pueblo. Ella sí habla y grita y se lamenta sin tener barreras que la coarten. Ella dice profundas cosas .... Pero es necesario saberla oír, saberla sentir, saberla intuir.

..................................................

La vida social en Japón, me produce desde el primer instante cierta inquietud. Algo trastorna mi ser.

La reverencia me agota, el silencio y la desconfianza siembran pavor en mí, el mirar de lado me produce inestabilidad.

Hay que ir al fondo .... Algo sucede. Algo tendrá que llegar a ser.

Y en la contestación lacónica trato de desentrañar visiones nuevas, preguntas capciosas salen de mis labios.

¿A Japón le interesa tener relaciones en forma de tratados con Rusia? Un político ha titubeado, el otro ha contestado violentamente, alguien ha reflexionado y da explicaciones.

¿Sigue usted alguna religión? El estudiante ha sonreído no por profundidad sino por escepticismo.

¿Qué sistema le satisface a usted para una concepción de la Historia? A mí ....Windelband; a mí ....Hegel; a mí ....Keyserling. ¿Y a quien le satisface el Tao o el amor?

Ah ... usted habla de Husserl y Einstein, lo que prueba que Japón está al día.

¿Y el obrero tiene buenos salarios? Sí, "naturalmente."

¿No nota usted, me decía alguien, que el japonés es distinto del chino? Y comentaba. Qué pereza se ve en él, que suciedad, que pensamiento tan tardío.

¿Qué piensa usted de Corea? interrogaba yo.! Oh! Es de Japón ¿no lo sabía usted?

¿La condición económica en Japón es buena? Le diré a usted que en general no es buena, pero "en general."

¿Y la política del gobierno le satisface al pueblo? No, por supuesto….. Nada más que es necesario que usted sepa que al hablar del gobierno no incluimos al Emperador.

¿Y por qué en los bellísimos campos del santuario de Yse, ustedes han colocado los cañones capturados en la guerra ruso-japonesa? Por recuerdo.

¿Y la mujer en Japón, ya tiene un alto valor social y político? Sí, naturalmente. Claro está que en ciertas Universidades no se le admite, porque su capacidad es corta, como usted sabe.

¿Qué hermoso es Japón, verdad? Sí, pero usted debe venir en primavera.

¿Al estudiante de la Universidad se le permite leer cualquier libro? - Cómo no. Nada más que en las aduanas se escogen los buenos y no se permite la entrada a los malos.

................................................

Y así, poco a poco, fuí abriéndome camino por una brecha tan espesa y tan oscura como la del Dante.

................................................

El problema del obrero es fundamental en el Japón. La industria lleva en su seno la dura tarea de la máquina. El aniquilamiento de la personalidad. Y sí se hace un buque o un palacio, a costa del sufrimiento de la clase obrero, esto tiene que costar sangre y tristeza.

Japón tiene como mira superar técnicamente al occidente. Hay ansia en el trabajo, cuando debiera haber reposo y goce por la obra terminada. Hay precipitación en todas las actividades técnicas. El movimiento es forzado. Hay cansancio en las miradas.

Pero si se justifica esta actitud del Japón, por la presencia de Estados Unidos, por la confianza que en él tiene depositada toda el Asia, por la conquista lenta pero segura de los puertos chinos por las potencias europeas y por otras circunstancias relacionadas con el Océano Pacífico; no es de justificarse ese sacrificio qué puede costar el desequilibrio más intenso.

Es vital para Japón la política internacional, pues su territorio es corto, sus fuentes de producción reducidas, y carece de elementos tan necesarios e interesantes como el petróleo. Pero no vaya a suceder que en lugar de recibir el golpe por la superficie, por el exterior, lo tenga que lamentar por el fondo, por el interior.

Hay que equilibrar estos dos movimientos. Y desgraciadamente yo siento que en el alma del Japón hay una tortura que pesa enormemente.

El pueblo necesita paz en la conciencia, calor en el hogar. Necesita tener una visión clara de su sentido en la historia, de su papel como conjunto armónico de hombres. Necesita también que su cuerpo se nutra, que respire aire puro y que lleve la confianza del que tiene que aliviar los dolores de la carne.

Este el papel más interesante de la política de un país. ¿De qué le servirá el crucero y el acorazado, el avión de guerra y el submarino, al pueblo japonés, si no tiene su conciencia tranquila y su espíritu libre?

¿Sabe Japón que la primera exigencia del hombre en el Cosmos es su libertad, no sólo corporal sino fundamentalmente espiritual?.

¿Que cuando se estorba la libre actividad del alma, esta llega a tener tal vigor en la nación que puede destrozar imperios inmensos.?

No debe tomar Japón del Occidente únicamente su técnica, sino también su concepción de la libertad, y el sentido de la personalidad en el hombre. La técnica llevó a Europa a la locura en 1914.

> Europa se ha convencido de que la materia causa muerte, de que cuando se olvidan las fuerzas anímicas más nobles del hombre, se cae en la desgracia y en la desesperación. Por eso ha vuelto sus ojos a la espiritualidad más alta, y por doquiera las frases de San Agustín o de Novalis, de San Jerónimo o de Leibnitz resuenan victoriosas. Keyserling apoya el sentido en su más profunda significación, Lansberg llama a la Edad Media una posibilidad que puede tener realización en el momento actual; y Vasconcelos con fe ciega en la América Latina, supone un resurgimiento de virgen espiritualidad en las escarpadas alturas de los Andes.

> Fe en el espíritu es lo que necesita Japón en el instante actual.
>
> Por no tener fe va perdiendo poco a poco la robusta creencia del shinto, la penetrante mirada búdica, la sencillez de la habitación,

el bellísimo idealismo de su pintura, la suave caricia de sus mujeres y la delicada línea de su danza.

La máquina potente, pero sin alma, reemplaza la fuerza del ronín: el monótono compás del baile yanqui, anula el singular rítmo de la melodía en el shamisen; y el pincel lleno de burdo realismo desplaza las pinceladas luminosas y ardientes de un Goho en sus dragones y tigres, tenue y elegante de un Katei-Taki en sus ciervos y en sus árboles, o infinitamente triste por la caida de las hojas en el cuadro de Shunso Hishida.

..................................................

El Japón guarda en su seno mil formas de sentimientos profundos. Hay que fortalecerlas, hay que animarlas, hay que darles nueva savia.

El sentido de que hablara Laotzé se ha perdido. Sus palabras suenan con nitidez.

"Donde las grandes vías son hermosas y llanas,
Pero las gentes prefieren los senderes laterales;
Donde las leyes de la corte son severas,
Pero los campos están llenos de mala hierba;
Donde los graneros están completamente vacíos,
Pero los trajes son elegantes y magníficos;
Donde se es delicado en el comer y en el beber,
Y los bienes están en exceso;
Allí reina el desorden, no el Gobierno".

El Japón sabe perfectamente bien que lo precipitado no fructifica, que la vida nace y vigoriza al amparo de los grandes causes y de las tranquilas aguas, que el espíritu necesita tiempo para dar frutos y que hay que aprovechar ese tiempo perdido en la materia.

..................................................

# EL PROBLEMA DE LA DUALIDAD EN EL PANORAMA SOCIAL DE JAPON

Oh, el sauce que ilumina el sol con dulce suavidad.

YAKA

El verdor de las hojas nuevas lo ha cubierto todo, menos el monte Fuji.

BUSON

# "Panorama Social del Japón"

## (Continuación)
## "El problema de la dualidad en el Panorama Social del Japón"

Ahondemos más en el corazón del pueblo japonés.

Una dualidad constante noto en todas las actividades. Oriente y Occidente no se dan la mano, solamente se rechazan. He aquí el error. Dos civilizaciones que lejos de compenetrarse se atacan y se excluyen, dos ideales de la humanidad que en lugar de crear la finalidad de una raza nueva, llevan al corazón del hombre la desesperación de la técnica por un lado, y la incomprensión de sentido por el otro. Dos almas que en lugar de hablarse amorosamente, y de esa manera comprenderse, se refugian en el desaliento, en la esquivez, en el silencio que elabora pensamientos de destrucción.

Y el pueblo japonés, deseoso de oponer una barrera al Occidente, toma la técnica de éste y la perfecciona. Y deseoso de llegar a ocupar el cetro en el Pacífico, se anega en la materialidad y en el trabajo que anula la libre actividad del espíritu. Y con esto va destruyendo poco a poco su propia alma. El sentimiento profundo de la naturaleza, que es un don del japonés, se está perdiendo en la tenebrosa exaltación de la técnica.

Nunca podrá el japonés construir con amor una máquina de guerra, de destrucción y sentir con amor la dulce e imperiosa calma del Fuji. Nunca podrá el japonés crear con simpatía la enorme casa donde la seda se tamiza a fuerza de máquinas, y recordar la emoción sublime del que alimenta el capullo, del que siente con la mano la fina superficie del manto de seda, y del que impregna con su alma una nueva coloración en el conjunto de la naturaleza. Nunca podrá llegar a almacenar en su pecho, la férrea voluntad de dominar al mundo, sin perder la conciencia de lo que significa la palabra de Krishna en el Bagawadgita o la exaltación de la naturaleza en el Tao de la moral laotziana.

Nunca podrá el japonés tener voluntad de dominio sin que pierda la profunda enseñanza de Budha o el sentido cósmico y humano del Shinto.

La comprensión de la naturaleza en la forma einsteniana, o la intuición de la historia en los moldes de la filosofía de Spengler, no pueden llegar a lo más íntimo del alma japonesa. Porque su tradición arranca de una intuición que ve al hombre subsumido en la naturaleza; de un espíritu guerrero, que siente, no la ambición de posesión terrestre, sino la afirmación del honor y de la dignidad. Porque la naturaleza jamás ha sido para el japonés una relación funcional y la Historia siempre la ha intuido en el sentido de la primavera, del verano, del otoño o del invierno; pero éste último es tan bello como el primero; y el calor del verano recuerda el símbolo de Japón y el otoño el fruto de la mano del hombre.

Por esa incomprensión del momento, los edificios están llenos de contradicciones. Junto a la columna dórica, se presenta la ventana de ojiva; frente a la mampostería del castillo de Osaka se encuentran los tableros llenos de ventanas sin significado, de la oficina prefectural.

Las avenidas de Schinsaibashi-suji en Osaka, de Ginzadori en Tokio o de Shijodori en Kyoto me hacen olvidar por su complicado comercio occidental, la delicadeza y serenidad del templo Byodoin o del santuario de Kosu en la antigua Naniwa (Osaka); las tumbas de los cuarenta y siete ronines cerca del templo de Sengaku-ji en el lejano Yedo, o en el frondoso parque de Morayama que guarda religiosamente templos y santuarios en la profundidad de Kyoto.

Por eso noto indecisión en la juventud del Japón. Ella no es ya religiosa pero tampoco tiene la visión que entrega la filosofía cuando se la vive. Ella está inquieta por el problema social, pero no se interioriza de los grandes movimientos que conmueven al mundo, porque se le vendan los ojos. En su seno se encuentran, el escéptico de la vida, el solipsista a la manera de Marx Stirner; el comunista que quiere destrucción de lo establecido, el socialista que anhela el mejoramiento de la clase obrera y campesina y que cree posible la realización de la libertad y de la personalidad humanas. Su alma se estremece con rigor y llegará a ser la antorcha de la idea y de la acción en la Historia de su país. Pero sabedlo bien. Esta antorcha puede llevar paz y concordia si se le sabe enseñar los derroteros de la vida social, si se le deja que reflexiones sobre las causas y las consecuencias de los movimientos de la colectividad, si se le descubre la faz del mundo con sus horrores y sus sufrimientos, pero también con sus ideales y sus victorias. Pero sabedlo bien. La antorcha de la juventud nipona puede llevar, si no se le deja ver la luz de la Historia, si no se le presta atención al libre albedrío de su conciencia o a la expresión vibran te de sus ideales, a fuertes movimientos colectivos que causen temporalmente sufrimiento.

"Todo desarrollo espiritual supone aclaración, y su anhelo es la aclaración perfecta. Sólo el logos puede comunicar un sentido más profundo a la actividad creadora. Igualmente sólo el logos es el portador del principio de la Libertad" ha exclamado Keyserling.

No sólo deis a la juventud nipona técnica, sino también dadle espíritu. Y ya que vuestros puertos están abiertos a la mercancía occidental, también que vuestros corazones sientan la vida y comprendan el pensamiento de la cultura que ampara la cruz. Y así como Japón se empapó de las profundas aguas del arte chino o de la religión y filosofía hindús; así también que se empape de la conciencia metafísica del renovarse de los pueblos y del sacrificio por los ideales en el Occidente.

La juventud nipona tarde o temprano sabrá valorar el contenido de la cultura de Europa o de América, frente a la cultura de sus ancestros. Y una determinación justa iluminará su mente para llevar a la realización más amplia, el alma inmensamente profunda del Oriente, y la exaltación de la personalidad o de la libertad en el pensamiento occidental; fortalecerá la visión cósmica de sus aportaciones chinas o hindúes y el sentimiento inmensamente bello de la naturaleza que siempre ha embriagado de néctar el alma japonesa.

. . . . . . . . . . . . . . . . . . . . . . . . . . . . . . . . . .

La mirada y el silencio del obrero me han dicho muchas cosas. El campo cultivado y la actividad del campesino han traído a mí nuevas significaciones en la visión del pueblo japonés.

El obrero sufre intensamente. La crisis económica hiende sus garras en la carne del trabajador de la máquina. Es el esclavo de la industria y de la soberbia.

Hay que variar violentamente el panorama.

Es necesario que se tenga conciencia de que el obrero es una fuerza siempre vital y que su contingente es enorme en la producción. Es necesario pensar que si al obrero no se considera y se ilustra, se alimenta y se le divierte como hombre que es, él tendrá un resurgimiento doloroso.

Creencia que ve en la producción material la superación de un pueblo, creencia inútil que estima la técnica, no como medio para dar felicidad sino como fin.

"Conquistar el mundo y querer manejarlo
He visto que fracasa.
El mundo es una cosa espiritual,
Que no puede manejarse.
    El que la maneja la hecha a perder,

El que la quiere retener la pierde".

Nuevamente oigo la palabra de Taoto King.

.................................................

El problema del Japón es muy difícil y actualmente tratan de resolverlo espíritus vigorosos.

!Qué aspectos tan sorprendentes presentan para mí; India e Inglaterra; China, las potencias europeas y Japón; Alemana y Francia, Italia, Norteamérica y Rusia; América Latina.

El problema de la producción en Inglaterra, Corea y Manchuria.

El problema del obrero en Rusia y el resto del mundo. El poder del dinero en Norte América.

El Socialismo a lo Lassale, y la cultura en Alemania.

El Océano Pacífico que une y desliga al mismo tiempo poderosas naciones.

La América Latina que viene con nueva savia. La revolución china.

Y todos son interesantes, y mientras no se resuelvan en espíritu, el poder de la máquina volverá a estrellarse contra el poder de la misma máquina. Tal es la inconciencia de lo material.

.................................................

Japón necesita, como antaño, una vigorosa voluntad, no de hierro, no forjada de acero, sino dúctil como es la vida, honda como es el pensar, profunda como es el sentimiento, maravillosa como es el amor.

Y si esta forma espiritual anima la vida de la ciudad o de la campiña, del estudio o de la técnica, del arte o de la ciencia, del derecho o de la religión; entonces Japón estará salvado. Y no hay campo más espléndido para hacer fructificar esta creación anímica que el corazón vigoroso del obrero o del campesino; que la mente virgen y llena de vitalidad de la juventud y que la prudente y sabia dirección del hombre que medita, del hombre que ha sufrido y que tiene en sus manos el porvenir de todo un pueblo.

A Japón sólo la intuición le ha enseñado el verdadero camino del sentido de su misión. Sólo el espíritu lo ha salvado y lo salvará. Sólo la fe en el eros y en el Logos hará que llegue a cumplir su difícil misión en el océano del Porvenir.

. . . . . . . . . . . . . . . . . . . . . . . . . . . . . . . . . . . . . . . . . . . . . . . . . . . . . .

Y voy preguntando y la mirada y la expresión del rostro, y la indiferencia y la pulcritud van mostrándome el verdadero sentido de esta tierra de Amateratzu.

. . . . . . . . . . . . . . . . . . . . . .

Es invierno. El frío es intenso. Pronto saldré de Japón y el mar hermosamente verde, la floresta risueña y el calor tropical, me harán sentir el otro mundo que se llama Honololú.

. . . . . . . . . . . . . . . . . . . . . . . . . . . . . . . . . . . . . . . . . . . . . . . . . . . . . .

## NUEVAMENTE EN EL OCÉANO

Ha pasado tiempo. Voy navegando por el Océano Pacífico envuelto en un sinnúmero de impresiones que tienen ansias de expresarse. Esta noche la mar tiene una inmensa calma. Después de la Salida de Hilo, el cielo ha cambiado de aspecto y las olas son menos tumultuosas.

Y vuelve a mí el pensamiento sobre el aspecto social de Japón.

Un inteligente estudiante me ha dicho: la flor del crisantemo simboliza el mikado, la flor de cerezo el pueblo. La flor de cerezo cae y muere con la brisa de la primavera. Casi siempre muere en el esplendor de su belleza. El crisantemo, no cae fácilmente y se marchita en su rama y espera al invierno que lo cubra de nieve para ir muriendo poco a poco.

La flor de cerezo nos representa. La flor del crisantemo simboliza el mikado.

Y pensé luego: ¿el invierno que pasé en Japón, pudo haber depositado sobre el crisantemo su copo de nieve?

. . . . . . . . . . . . . . . . . . . . . . . . . . . . . . . . . . . . . . . . . . . . . . .

Y recuerdo las palabras del alcalde de la ciudad de Tokio. "El trabajo y la unión son los dos pedestales del pueblo japonés. "Si el trabajo y la unión se fortalecen espiritualmente, el Japón llegará sin duda a ser una de las más grandes naciones del mundo, y tendrá fuerzas suficientes para desempeñar su profunda misión sobre la tierra.

. . . . . . . . . . . . . . . . . . . . . . . . . . . . . . . . . . . . . . . . . . . . . . .

Pero Japón está construyendo técnica que necesita base económica firme. ¿Y tiene Japón esta base económica asegurada? He aquí otro problema que por ahora no quiero reflexionar.

. . . . . . . . . . . . . . . . . . . . . . . . . . . . . . . . . . . . . . .

Los pueblos son como los hombres. Algunas ocasiones tienen prudencia y en otras se dejan manejar por las sonajas que hacen más ruido.

. . . . . . . . . . . . . . . . . . . . . . . . . .

Realmente el mar está invadiendo mi espíritu. Pienso muy lentamente.

En realidad este mar ya no es japonés.

. . . . . . . . . . . . . . . . . . . . . . . . . . . . . . . . . . . . . . . . . . . . . . . . .

# LO QUE SIGNIFICA EL JAPÓN EN EL MOMENTO ACTUAL

Sopla el viento y su única compañera es
en el cielo, la luna.

**ETSUJIN**

Los dolores caen revoloteando.
El agua del río corre hacia el mar.

**SHIKI**

Conferencia pronunciada en la Academia de
Estudios Japoneses y Orientales en México.

Dedicada al ilustre filósofo Dr. Tetsujiro Knouye
De la Universidad Imperial de Tokio.

## "Lo-que-significa-el Japón" en-el-momento-actual"

Un papel interesantísimo en la vida de humanidad está reservado al noble pueblo japonés. Su profunda visión y su incansable trabajo harán de él el puente que una, en época no lejana, las culturas de oriente y del occidente. Pero es necesario que veamos con detenimiento en esta ocasión, la falsa posición en que han caído notables pensadores y alentemos por una nueva ruta la verdadera realización de dos almas inmensamente profundas: la del Oriente y la del Occidente.

A Japón se le combatió con técnica y ahora toma esa arma como escudo. Ha llegado el momento en el que el espíritu de Occidente se ponga en contacto con el espíritu de Oriente y las saetas flechen a las estrellas y las coronas sirvan de escudos.

El espíritu siempre llega cuando la profundidad comienza. Oriente y Occidente deben ahondar el sentido de sus almas.

Nada conseguirá la lucha amarga de los titanes que se llaman Oriente y Occidente, al contrario llevará pesar y odio a las almas, y empobrecimiento a los cuerpos.

Europa comenzó mal, porque puso su técnica como baluarte contra el Oriente, y el lo sucesivo el mundo del Tao, del Nirvana, del Yoga o del Sankhya sabrá aportar, al amparo de esta técnica, útil y pocas veces noble, su enorme poder espiritual.

No es el momento de odiar las culturas, ellas son inmensamente interesantes. Es el momento de saberlas emplear en beneficio de la humanidad. El occidente ha experimentado el dolor más intenso por su confianza en la materia y en la técnica, ahora retrocede y trata de ahondar el espíritu y de refugiarse en sus más espléndidas intuiciones del Universo y de Dios, del Hombre y de la Vida.

Si! Tuvo razón Hikuta Choko al afirmar en la Liga Oriental de Tokio, en el año de 1924, que el Occidente estaba sumido en el materialismo, pero esto no justifica la actitud bélica para rechazar de plano la cultura occidental. Esta es inmensamente interesante en su concepción de la personalidad, en su equilibrio de pensamiento y acción, en sus éxtasis y misticismos, como en sus realizaciones científicas.

El oriente no debe ver nada más que las visiones miopes y falsas del Utilitarismo que conduce al Pragmatismo, del Empirismo que nos lleva al Positivismo y del Materialismo que nos entrega la negación de la sustancialidad anímica; como formas únicas de la cultura occidental. No! Ellas han sido las especulaciones más vacías, más insignificantes que el siglo XIX y parte del XX han elaborado en nuestra civilización. No! Hay algo más hondo en la cultura occidental que la simple destrucción del ser en el Positivismo y aun en Kant, y esto es, la afirmación del hombre frente al Universo.

Se ha pensado que las formas del pensamiento occidental se han elaborado en épocas muy lejanas en el antiguo oriente. Pero, si es cierto que ya Dignana sostuvo ha mucho tiempo el Idealismo Criticista, que Laotzé y Chuang-tze ahondaron el problema de la fusión de los contrarios, el devenir del Universo como lo hicieron más tarde Hegel y Schelling; que los Madhyamikas presentaron la visión Nihilista muchos siglos antes que Max Stirner, que la concepción mística del Universo se dió bellamente en los Vedas, y más tarde en el occidente se manifestó en Orígenes, en Platón o en Eckehart; que los Upanishads trajeron una visión filosófica del cosmos y una formulación del Realismo contra el Idealismo como lo hicieron más tarde, la filosofía judáica, la bizantina de los siglos VI y VII y el Renacimiento con las famosas corrientes de Bacon y Descartes; de Bruno, Boehme y Leibnitz; que la concepción utilitarista que Compte, Feuerbach nos presentan, fué ampliamente desarrollada por filósofos como Sankhya y Tschervaka; y que el Escepticismo y el Pesimismo de Schopenhauer, Nietzsche, Wagner e Ibsen, ya se habían mostrado en la filosofía budhista; si bien es cierto esto, también lo es que no está lo importante de un sistema o doctrina filosófica en que su enunciado sea nuevo o nunca antes pensado, sino en su efectividad, en su influencia histórica, en su misión cultural.

Profundas diferencias existen en la supuesta paridad de direcciones. Más hondas que cualquiera lejanía en sistemas filosóficos del Occidente.

He aquí lo fundamental. La exaltación de la fuerza en Nietzche, no tiene el mismo resultado en el destino de los pueblos, que el que imprime el Tao hondamente sentido en la filosofía china; el amor que proclama Budha es enormemente diferente en sus anhelos y en su efectividad histórica al que animó la palabra de Jesús de Nazareth. Y aun pudiera yo decir, dentro de la misma cultura oriental, la palabra de Budha en el Hinayana, pesimista, de carácter misántropo y trascendental, se vuelve cósmica en el pensamiento de Chu-hi en China, y adquiere belleza en la sentida expresión japonesa de Mahayana. Gran diferencia existe entre esta obra que es por esencia optimista, y el Hinayana que presenta la fuente más primitiva del Budhismo, pero que está compenetrado de un pesimismo fundamental.

El Mahayana dará muchos años después un producto que es inmensamente interesante, me refiero al Parinirvana de Sakiamuni. Sobre estas transformaciones, tan esenciales para conocer y determinar la filosofía y la religión del apón, tendré oportunidad de dar algunas disertaciones.

Todo se ha dicho, pero no todo ha tenido importancia en el momento histórico. La subdivisión de tono ha sido imaginada, intentada ha muchos años en el occidente, pero su realización sólo se debe al esfuerzo de nuestro queridísimo compatriota: Julián Carrillo. No hay nada nuevo bajo el sol, en lo que se ha pensado; pero sí hay mucho nuevo bajo el sol en lo que se ha vivido y realizado. ¿Tiene la misma importancia la doctrina de la incongnoscibilidad de la sustancia, la anulación de la Metafísica en Cakya Noumi, que en Augusto Compte? ¿Tienen la misma realización los sistemas de Platón y Aristóteles, de Alfarabí y Avicena, de Goethe y de Fichte, que el idealismo del Yoga y del Vedanta, que la teoría epistemológica de Vaiceshika o que la lógica de Gotama: la Nyaya? ¿Es la misma doctrina ética la que anima el imperialismo de Tsin en China y la guerra europea en 1924? !No!

Es tan interesante ver esto, como saber: que las relaciones del Cosmos y del Hombre en el oriente, bajo la inmersión y en el oriente bajo la exaltación de la personalidad: son elementos distintos que deben completarse, que deben sintetizarse. El hombre anegado en el Cosmos supone la realización de la misión del hombre y para ello su afirmación sustancial.

La Yoga al desechar el valor de la razón inicia la importancia de la vida y de la intuición; pero a ella débesele añadir la estabilidad del pensamiento para la comprensión de la forma cuantitativa del universo.

La teoría freudiana de la exaltación de lo inconsciente, la tesis de Keyserling del sentido, deben auxiliarse de la profunda meditación del alma en la Yoga y del fin de la naturaleza en el Taoismo.

El neopaganismo nórdico debe completarse con la visión inmanente de la filosofía asiática.

Culpa enorme de occidente es haber olvidado las enseñanzas de Cristo o de San Agustín, es haberse apropiado la utilidad como esencia de veracidad. Culpa de oriente es haberse refugiado en sí mismo y no haber mantenido como el occidente la esencia de la vida, es haber creado la muralla china como desconfianza a la civilización europea.

Y ahora que el noble e inteligentísimo pueblo japonés ha comprendido la responsabilidad que lleva como fuerza avanzada del Oriente, es necesario que una estos dos inmensos esfuerzos, no sólo bajo la técnica sino fundamental mente al amparo del espíritu. Es necesario que sienta que el Occidente vuelve sediento a la fuente del amor y de la intuición; y si es cierto que hombres blasfeman, como acontece con algunos tiranos de Europa que desean la guerra, en la conciencia de los hombres sanos hay un hondo sentimiento de fraternidad y un deseo infinito de lograr la armonía que debe regir el trabajo, los sufrimientos y los goces dela humanidad.

Japón es la avanzada del oriente, es la nación que tiene que llenar la misión del Oriente como ya Tagore lo ha dicho. Y si es cierto que un convenio celebrado en 1925 une al Japón y a Rusia, esto no significa que las finalidades sociales sean las mismas, sino que el Oriente se fortalece tanto en su vanguardia como en su retaguardia. Si bien es cierto que en 1926 se establece la Liga Pan-Asiática, esto se debe a la falta de prudencia y de saber de la Liga de las Naciones en Europa.

Al Japón se le invita al concierto de las naciones occidentales en el siglo pasado y él acepta, y se pone a la altura de esta relación. Y no obstante este gesto de suprema inteligencia, la Unión Americana con una ley inicua y brutal de inmigración, trata de contener el adelanto y la fuerza de este noble pueblo que conquista momento a momento la conciencia de primera potencia en el mundo. Esto denota una incomprensión absoluta de lo que puede llegar a constituir la armonía entre los pueblos y las naciones.

Pero Japón sabe muy bien que no es el Occidente ni menos la cultura occidental la que le ofrece este espectáculo, porque en la conciencia sana está la voz que le dice que Japón es y será el mensajero espiritual que hablará al occidente amparado por su técnica pero hondamente compenetrado de valor cultural.

Salud.

# SENTIDO DE LAS CULTURAS ORIENTAL Y OCCIDENTAL

Apenas se oculta el sol,
Nace más bella y serena la luna.

SEISENSUI

Qué profundo silencio guarda
el féretro que acaban de clavar.

SHURORYO

Plática radiada por la Estación de la Secretaría
de Educación Pública de la Ciudad de México.

# Sentido de las Culturas Oriental y Occidental

La vida cultural de los pueblos tiene el sentido armónico más profundo. No sólo en el momento actual el intercambio de ideas y emociones se muestra patente, sino en toda la historia desde las épocas más primitivas de la historia, el sentido del pensamiento humano se ha internado en todos los rincones de nuestro mundo.

Aún las formas más diversas del arte presentan los caracteres más coherentes y similares a través de todos los países y de todas las culturas; y es que el espíritu humano siempre se realiza actualizando sus propias potencialidades y manifestando en toda su plenitud la existencia humana.

Nada más que las condiciones del medio físico y biológico y sobre todo del medio social obran de tal manera a través del hombre, que hacen posible la realización de sólo una parte de su ser, de sólo una manifestación de su naturaleza. Nada es tan múltiple como los productos de la emoción, estética, moral, religiosa y justa, y sin embargo todos estos aspectos nos presentan siempre al hombre, únicamente al hombre en expresiones parciales aunque profundamente diversas. Para realizar plenamente la esencia humana, será menester el transcurso de una historia infinita en que vaya supliéndose cara a cara las infinitas fases de este múltiple y a la vez unitario ser.

Nada hay más complejo que la existencia humana. Ella envuelve el sorprendente devenir de la vida y de la muerte. La espléndida realización de los valores trascendentales del espíritu. Ella encierra en sí los complejos más hondos del Universo, pues señala, por un lado, la manifestación de fenómenos físico-químicos, por otro la potente vivencia de los actos biológicos, y aún más la expresión más íntima de lo espiritual.

El hombre es un complejo en una unidad absoluta. Quien olvida cualquiera de esos elementos constitutivos, peca gravemente. Hegel tuvo una idea genial al creer que la historia de la humanidad no era más que el desarrollo dialéctico de una sola idea. Mach y Haekel tuvieron otra idea parecida al señalar a la historia el mismo proceso pero sustentándose ya no en la idea, sino en la material.

Los tres teóricos tuvieron razón, la humanidad realiza lentamente una sola cosa, nada más que esta sola cosa no es, ni la idea como pensó Hegel, ni la material como pensaron Mach y Haekel; sino la existencia múltiple en su naturaleza realizando, en su misma multiplicidad, la unidad más esplendorosa según la concepción del devenir dialéctico genialmente captada por Marx y Engels.

Hemos olvidado las infinitas enseñanzas que nos da la naturaleza en todas y cada una de sus manifestaciones. No hemos aprehendido su sentido y por eso nos hemos enganchado en conceptos parciales y en visiones carentes de lo vital. ¿Acaso el organismo no presenta la más interesante multiplicidad de elementos reunidos en la Unidad, en el ser vivo, completamente realizados y obrando de la manera más independiente? ¿Acaso el cristal no lleva una multiplicidad de elementos y todos integran la belleza de cada una de sus facetas y la simetría más perfecta? ¿Acaso el hombre no tiene en su naturaleza todas las virtudes y todos los vicios, todas las necesidades y todas las satisfacciones y llega a resolverse en una unidad completa y en un sentido definido?

Todas las culturas son diferentes porque van realizando la integración humana. Cuando ellas conquistan la verdad, ésta siempre tiene los caracteres más amplios de universalidad. Cuando ellos conquistan la belleza, la justicia, la santidad, la bondad, están realizando elementos que no son transitorios y que valdrán para siempre a pesar de los tiempos y de las contingencias de la historia, porque han servido para estructurar la vida en su devenir dialéctico, en el encadenamiento de los contradictorios y de las síntesis. Y es que cada cultura no hace otra cosa más que manifestar parte de la esencia humana a través de las más variadas y complicadas manifestaciones.

Por eso mismo no hay razón para asegurar el relativismo, ni en el campo de la verdad ni en el de los valores. Todas las verdades son verdaderas, todas las bellezas valen, todas las justicias son estimables, a través del tiempo, cualesquiera que éste sea. Nada más que, así como la célula necesita de un protoplasma único y sólo ese protoplasma, así también cada cultura requiere un solo producto cultural y únicamente ese producto.

Cada moral es la expresión de la existencia que se encuentra a sí misma, es el sentido último a que puede llegar la angustia en el hombre, pero también resuelve cada una de ellas un momento histórico y ese momento sólo puede ser resuelto por ella misma y única moralidad.

De la misma manera, la realización de los valores que ofrecen una serie jerárquica, perfectamente determinada, no siempre es la única. Hay momentos históricos que suponen la realización de un valor de ínfima categoría, porque sólo por esa realización podrá salvarse el sentido de lo humano.

Esta es la condición que guarda la humanidad en el momento presente. El valor económico, nadie que hable sinceramente lo podrá colocar en la cumbre de los valores humanos, exige su realización más plena, pues de él dependen los múltiples desequilibrios que presenta el momento histórico que vivimos.

La humanidad es como el hombre, tiene momentos de enfermedades somáticas y en esos instantes deja a un lado la más amplia realización del pensamiento o de la emoción y sólo trata de salvar el cuerpo para conservar la plenitud del espíritu. El momento histórico que vivimos padece de una terrible enfermedad y ella está en las dificultades múltiples que ha originado una política económica enormemente defectuosa y que ha tenido por consecuencia la desgracia de multitud de hombres y aún su desesperación y su miedo a la vida misma. Máxime, si se tiene la convicción de que lo económico estructura toda la cultura y le da su propio sello y matíz.

Las culturas oriental y occidental vense resolviendo aspectos diversos de la existencia humana; una, posiblemente la oriental, más empapada de los valores últimos del espíritu, la otra, más allegada al dinamismo y a la actividad del ser biológico; una, compenetrada de la esencia del Universo, la otra, percibiendo la naturaleza del hombre en un sentido analítico y anhelando la comprensión del mundo en una universalidad científica.

Frente al Tao, la existencia banal; frente al sentido íntimo, la forma realizable del hombre en su propia finalidad. He aquí la diferencia esencial entre los mundos occidental y oriental.

No debemos aspirar los occidentales a compenetrarnos plenamente de la metafísica hindú o china, siamesa o japonesa, pues el significado absoluto de Atman, Tao, Bushido, Shinto, etc, sólo lo tendremos bajo transparencias, en la neblina más o menos intensa de nuestra manera de pensar e intuir.

Por otra parte, es tan interesante vivir la existencia para fundar nuestra visión existencial, como tratar de ahondar en contenido de las palabras de Krishna o Laotzé. Sólo una filosofía más hondamente vivida, hecha existencia, podrá darnos cuenta de nuestra naturaleza que es eminentemente práxica. Sólo la intuición del Sentido podrá descifrarnos el enigma del Oriente.

# LA CULTURA JAPONESA

Excepto la montaña obscura,
Todo está mojado de estrellas.

**ISSEKIRO**

Fragancia de crisantemo. Numerosos
Budhas antiguos en la ciudad de
Nara.

**BASHO**

Conferencia sustentada en el Ateneo de Ciencias y Artes de México, la
noche del día 24 de Julio de 1931

# La Cultura Japonesa

El tema de esta noche, es uno de los más arduos y difíciles. El campo es amplísimo, las investigaciones son muy profundas y los comentadores, principalmente alemanes e ingleses, son numerosos. La opinión más generalizada es la de que el pueblo japonés tiene una cultura de pura imitación. Al principio, copia de Corea, más tarde de China, a través de ésta, de la India y por último de la del Occidente. Es decir, es toda un gama de imitaciones que presentan el espectáculo más variado de la cultura de un país.

Al llegar a Japón, tuve la impresión de que realmente la tesis anterior se podía confirmar. Pero más tarde al ir adentrando en la conciencia, en las costumbres y en todas las manifestaciones de este espléndido país, me fui convenciendo de que la tesis no sólo es falsa sino absurda. Denota en primer lugar, una falta de comprensión de los problemas de la cultura japonesa.

Es cierto que su política nos recuerda actualmente la de Inglaterra, su arte moderno nos lleva al recuerdo del expresionismo occidental, su técnica nos acerca a nuestra técnica y su filosofía nos hace vivir nuevamente las espléndidas riberas del Rhin.

Es cierto que gran parte nos conduce a admitir una repetición de otras culturas. El templo budhista, la pintura de la escuela de Kano, la melodía y los instrumentos musicales, la poesía y la arquitectura nos hacen pensar en épocas remotas de civilizaciones asiáticas. Pero también es cieto que estas manifestaciones no son más que apariencias, pues en el fondo se encuentra una esencia distinta.

Vengo a sostener en esta noche, que la cultura japonesa es algo original en el mundo, que ella está lo suficientemente elaborada, que es capaz de suministrarnos la visión más profunda de toda una cultura. Y para ello analizaré el problema desde dos puntos de vista: primero, el pueblo japonés no sólo interpreta a la naturaleza sino aún a las culturas; segundo, su cultura debe entenderse como una visión profunda del microcosmos y como una completa humanización.

Primera cuestión: el pueblo japonés es esencialmente un pueblo de una sensibilidad exquisita. Es decir, la intuición está notablemente desarrollada a través de todos los fenómenos de la conciencia y de la subconsciencia. Siente con toda la fuerza de lo que es capaz el espíritu humano, la belleza de la naturaleza, y sabe más tarde interpretarla a través de sus lienzos pictóricos, de sus versos y de sus creencias. Su visión, posiblemente no es cósmica, no adquiere el vigor de las concepciones metafísicas indús, ni chinas, pero sí tiene la vivencia de lo que está cercano al hombre, de lo que convive con él, y hace que se desarrolle armónicamente.

Muchas veces he pensado, si es más conveniente vivir únicamente para el sentimiento de lo que rodea, de lo que tiene una realidad tangible; o es más razonable extenderse a las misteriosas regiones de la cosa en sí o de la existencia de Dios. Para mí, los dos problemas son posibles. El primero ve al devenir, ve al estar siendo, se compenetra de nuestra existencia misma. El Segundo ahonda la esencia del ser, posiblemente el anhelo de la infinitud que domina nuestro pensamiento y que alienta nuestra vanidad humana. Ambas exigencias son necesarias, el hombre no puede vivir con la estabilidad del pensamiento pero tampoco puede subsistir con la inestabilidad de la vida.

Las culturas deberían diferenciarse principalmente por esta visión exterior: las primeras serían aquellas que han vivido intuicionalmente, que han sabido desentrañar, por medio del arte o por medio de la religión, las esencias vitales. Las segundas serían aquellas que sumergidas en los profundos pensamientos del ser, han sostenido una visión esencialmente cósmica y teológica. Las primeras tendrían su máxima representación en la cultura japonesa, las segundas estarían perfectamente representadas en la cultura hindú.

La cultura occidental es compleja. Más cabría no hablar de una sola cultura. La intuición que anima la palabra de Agustín de Hipona, los Victorinos, Giordano Bruno, Eckehard, Kempis, está profundamente alejada del pensamiento que da realización a las creaciones de

Parménides, Santo Tomás de Aquino o Spinoza. Dos mundos diferentes, el de la intuición y el del concepto, el del misticismo y el del intelectualismo, el del anhelo por la vivencia de lo que pasa y el de la aspiración eternal por la exigencia del pensamiento ontológico.

La cultura japonesa pertenece, a mi entender, a la primera forma de las culturas. Es, en suma, una cultura de sentimiento, de intuición.

Conforme a este postulado podremos concebir inmediatamente la transformación que han sufrido los conceptos metafísicos de la India y de la China y las determinaciones conceptuales del Occidente a través del alma nipona. El pensamiento del Hinayana se pierde en los rincones de los santuarios japoneses y adquiere vigor el optimismo del Mahayana en la conciencia artística del pueblo japonés. Aún no se ha visto cuáles son las variantes que sufre el Mahayana a través de las tres culturas. En la India adquiere un valor secundario, en China toma un sentido práctico y en el Japón sostiene una visión artística profundamente sentida.

El Segundo punto de vista lo podemos referir a los conceptos profundos de la filosofía alemana. Cultura es, en primer término, humanización.

"El mundo se ha transformado realiter en el hombre; el hombre debe perfeccionarse idealiter en el mundo"

Esta frase de Max Scheler da todo el sentido de la cultura. Realizar la esencia humana a través de la realidad de la materia; tomar los elementos del mundo y darles o convertirlos en algo esencialmente humano, ¿no es ésta la principal característica de la concepción nipona?

Transforma y perfecciona idealiter los datos que el mundo, que la naturaleza le entrega. Humaniza propiamente lo mismo el rugir de la tempestad que el fino aroma de la flor, lo mismo el sentido de lo que pasa a través de los ancestros, que el llegar a ser de la primavera. Si hay un pueblo que tenga más conciencia de lo que es ser hombre; de lo que encarna el sentido de la humanidad, es el pueblo japonés. Todas sus manifestaciones tienen ese carácter. Lo mismo el teatro que la pintura, lo mismo el santuario que la filosofía.

No hay más lejos del hombre mismo que la certidumbre que tiene el que cree que el mundo y el hombre se resuelven en una interminable relación de causa y efecto, en una experimentación mecánica o en un desarrollo sujeto a relaciones y números matemáticos. El Positivismo tuvo siempre esta fuente y es por ello por lo que condujo a la humanidad al desastre de 1914 y aún podríamos decir a una guerra que en época no lejana, desgraciadamente tendrá que venir. Faltó en el siglo pasado la visión más honda de lo que significa la vida, y con ello no se tuvo conciencia de que el hombre debe perfeccionarse idealiter en el mundo y realizar de esa manera su misión en cuanto a la realización completa de su propia naturaleza.

Todo el arte japonés se puede reducir a una verdadera manifestación del hombre en la naturaleza, a un darse el espíritu a la existencia del Universo.

Toda la religión japonesa, y especialmente el shintoísmo, que es la creencia nacional, ha sabido interpretar las esencias del mundo a través de sus más excelsas manifestaciones como son: la vida que da el sol y la cosecha que engendra la tierra. No hay religión más íntimamente compenetrada del mundo que la shintoísta, pero a la vez más profundamente humana. El Shinto significa el valor, la lealtad, la cortesía, el honor, la piedad filial y la voluntad para realizar los más grandes propósitos de la vida. Es el espíritu de Japón, pues se adapta a la delicadeza de la mujer, al fino sentimiento del niño y a la más fuerte virtud del guerrero. El kojidki presenta uno tras otro, los ejemplos más bellos del hombre poseído de la dignidad humana.

Es el shintoísmo la religión de la muerte, pero con el profundo pesimismo que lleva la palabra de Budha, sino con la adoración a los actos heroicos de los ancestros. Ancestros que hacen que el pueblo japonés no pierda la liga con el pasado y conserve incólume el sentimiento caballeroso de todo pueblo superior.

Hirata, en el Tama-no-mihashira, elabora los comentarios más serios que sobre la existencia y la acción de los ancestros pudieran hacerse.

"Toda acción humana, nos dice el comentarista, es la obra de un Dios. Y aún el célèbre filósofo Motuori acepta como fuente básica del shintoísmo lo siguiente:

"Todas las ideas morales necesarias al hombre le son sugeridas por dioses y son de la misma naturaleza instintiva que las que le obligan a nutrirse cuando tiene hambre y beber cuando tiene sed".

"Haber comprendido que no hay camino por seguir, ni ruta por conocer, es verdaderamente haber acertado con el camino de los dioses". Kami-no-miki, el camino de los dioses, tal es el nombre primitivo de esta fuente de sentimiento.

Esto me conduce a pensar en una exaltación más pura, en un refugiarse a sí mismo para poder afrontar todos los momentos de la vida. Es el caso del demonio de Sócrates, es la voz de Dios a través de la conciencia agustiniana. "In interiore homine habitat veritas, habitat recum, in te ipsum redi. Deum et animam scire cupio."

Vívete a ti mismo, en el interior del hombre encontrarás la esencia de la verdad y de Dios. Tales son las expresiones que pueden parangonarse con las profundas meditaciones del shintoísmo y que Hirata resume:

"Si tenéis el deseo de practicar la verdadera virtud, aprended a tener lo invisible que está en vuestra alma. Haced votos a los dioses que gobiernan lo invisible. Cultivad vuestra conciencia (magokoro) y no os extraviaréis del verdadero camino"

¿Y esto no puede constituir el principio de toda una humanización a través de todas las formas del sentimiento, de la voluntad y de la intelección? ¿No puede verse en esto el más puro sentimiento de lo que significa el hombre frente a las vicisitudes del mundo? Era natural que un pueblo dotado de una creencia semejante, con un espíritu perfectamente adaptado a las manifestaciones más espléndidas de la naturaleza, pudiera crear una de las más profundas culturas que ha tenido la humanidad; pudiera aceptar los modelos de las otras civilizaciones y transformarlos, como el artista lo hace, en algo que, por llevar el sello de una nueva personalidad, es completamente distinto.

Honda emoción causa el "Estrado de los Dioses", el Kamidana, en cada hogar japonés. Y sobre todo la sencillez y el exquisito arte que en ellos se deposita. El kakemono shintoísta que representa incidentes del Kojidki, llena el ambiente de belleza; y los shimomaona, nos transportan a los orígenes mismos del shintoísmo.

Pero podría esperarse que los grandes santuarios de Ise y de Kitsuki ostentaran como los máximos templos del Occidente y aún del resto oriental, las más espléndidas construcciones y los más costosos atavíos; pero no es así: La humanidad de estos santuarios es asombrosa, nada hay en el mundo que cause ese sentimiento de piedad, esa emoción de serenidad, como la vista del santuario shintoísta. Todo en ellos es sencillo, natural. El follaje les sirve de fondo, la piedra de camino; la paja lleva en ellos el sentido de la protección y el lago refleja la virginidad de sus crisantemos.

Religión que lleva la vida en la savia, de la Madera de kinoi al convertirse en el miya. Alma que transforma la mortuoria lápida budhista, el ihai en la flor de loto que surge de las agua y remata en la exquisita gama mística. Religión que llama a los ancestros con cuatro palmadas y con las sacramentales palabras: Harai-Tamai".

Arte que traduce la esencia de las cosas en la expresión del haikai, en la pincelada del makemono, en los sonidos extraños del Koto o de la Biwa, del Koryn o del Shamisen, en la dorada laca del makiyé o de la giobu donde la sangre del dragón resalta sobre lejanas coloraciones; en la danza que tiene el sentimiento de la vida y en la escena que invade el corazón humano.

La libertad, que presume la palabra de Budha, hace nacer una posibilidad de adaptación a la conciencia del japonés. Y aún la dualidad de los contrarios, a que se refiere la palabra samskara, tiene un Nuevo motivo para ajustarse con la naturaleza y a los actos humanos.

Los famosos comentarios del Sakiamuni japonés, el príncipe Shotoku, sobre las tres sutras: el Sadbharmapundarikasutra, el Vimalakirttinirdesa-sutra y el Srimaladevisimhanada-sutra, tienen una importancia suma para el estudio del budhismo antiguo en Japón.

El budhismo japonés tiene un carácter particularmente diferente del budhismo en la India y en China. Empieza con el Hinayana y más tarde nos entregan las primeras visiones filosóficas que sobre las doctrinas de la India tuvieron los nipones. Y sorprende como en el Japón el Mahayana se desarrolla con fuerza extraordinaria y como en la tierra del Ganges sólo da lugar a especulaciones aisladas como en las de Nagarjuna, Sanga, Basubandha y Asbaghosa.

Budhisena lleva el pensamiento búdhico de Asbaghosa y adquiere esplendor posteriormnete a la época de Nara y sobre todo bajo la protección del emperador.

"Abre los ojos a la luz, apártate de lo caduco y de lo frágil, desarraiga el deseo, fuente de tu dolor" Palabras que llevan el anhelo libre del alma. Samakara que descifra los procesos activos y reactivos y que acercan al hombre, al eterno flujo de lo viviente. Dos concepciones que sin ellas, el budhismo no hubiera podido invadir el espíritu del pueblo de Amateratzu.

En China sólo se distinguieron el Hinayana del Mahayana, sólo se alcanzó la visión clara de sus creencias; en Japón sólo tuvo realidad, no lo que se presentaba al análisis y a las intuiciones metafísicas, sino lo que satisfacía el sentimiento más profundo de su ser: el Mahayana.

Es por otra parte el macrocosmos el que se refleja en el carácter del pueblo japonés, y que lleva a nuestra creencia la afirmación de las palabras de Scheler, que sostienen la virtualidad de la cultura.

"El proceso, mediante el cual el mundo grande, el macrocosmos, se concentra en un foco espiritual de carácter individual y personal, el microcosmos: este convierte el mundo en una persona humana por el amor y por el conocimiento, no son sino dos expresiones para designar dos direcciones distintas en la consideración del mismo hondo proceso plástico, que se llama Educación Cultural o la Cultura"

Para terminar, sólo me resta llevar a nuestra memoria las sublimes palabras del almirante Togo que en los momentos difíciles del combate, con la conciencia más amplia del que tiene fe exclamó "Ya está pensado, no hay nada que temer"

Salud

# VISIONES DE ORIENTE Y EL JAPÓN ROMÁNTICO

Sale la neblina del pinar para entrar en una nube de flores.

BASHA

En la falda de la montaña un hombre cultiva la tierra, inmóvil al parecer.

KYORAI

La tumba nueva empieza ya a tener musgo. Lluvia de primavera.

KYORAI

Que ancho es el río otoñal cuyas aguas son espejo de la montaña entera.

SHIKI

PONENCIA del señor Ing. Adalberto García de Mendoza, para la noche del día 3 de febrero de 1934, sobre los temas: VISIONES DE ORIENTE Y EL JAPÓN ROMÁNTICO.
Sesión de la Academia de Estudios Japoneses y Orientales que se verificó en el Paraninfo de la Universidad.

# Visiones de Oriente y el Japón Romántico

Sr. Presidente, señores y señoras:

Me toca en suerte dirigirme a ustedes para presentar uno de los aspectos más llamativos de aquel inmenso pueblo que allende el Pacífico, señala una nueva ruta, no sólo en el aspecto político internacional, sino fundamentalmente cultural. Es difícil presentar al Japón en su forma romántica, por dos razones fundamentales. La primera radica en la aprensión natural del occidental a todo producto de cultura distinta a la suya; y la segunda en el riesgo que se tiene de caer en sensiblerías y romanticismos cursis a la manera que lo han hecho novelistas y literatos.

Sentir el alma japonesa es algo absolutamente difícil, pues su visión de la vida, de lo divino, de la naturaleza está hondamente compenetrada de un espíritu que no percibe más que lo inmanente dentro del eterno devenir del universo. Su misticismo es algo completamente distinto al que podemos encontrar, ya no digamos entre nuestros más profundos buscadores del éxtasis como Plotino y San Agustín, sino aún de los que se encuentran en otras regiones del Asia como la India y la China.

El sentir de la naturaleza no tiene el mismo significado que encontramos en la obra piadosa de San Francisco de Asís, en la admiración de Kepler o de Tagore, todo es distinto. Aún las aportaciones más ampliamente acogidas por el sentimiento japonés tienen un sentido muy propio y están acuñadas por ese espíritu idealista del pueblo japonés.

Si observamos una de las manifestaciones artísticas del Japón, como es su pintura, nos encontramos con un nuevo estilo que jamás el Occidente ha realizado y corresponde al pintoresco más profundo. En nuestra cultura occidental el arte dibujístico de Durero se presenta en gran contraste con el pintoresco de Rembrandt y sin embargo ninguno de los dos se acercan al impresionismo de la pintura japonesa. !Que enormes distancias encontramos entre la línea de Rafael y la silueta de Bernini! Y ninguno de los dos nos dan al camino para llegar a la comprensión de Massanobu, Sesson o Korin.

Nuestra pintura ha seguido, ya el cambio trazado por los venecianos que se refugian sobre todo en la línea o ya, el de los florentinos que despreciándola se internan en lo pintoresco. Con esta sensibilidad, el occidental no puede comprender la creación artística de las escuelas de Kano o de Tosa.

En el arte pictórico japonés, no se trata de dibujar como lo hace Leonardo de Vinci, ni de sentir la realidad a través de las pinceladas más enérgicas como sucede en Velázquez o Tiziano. Aquí la realidad adquiere un sentido completamente nuevo, pues expresa el sentimiento que el japonés tiene de la naturaleza cuando ésta es amada hasta en sus más insignificantes desarrollos. Pocos pintores occidentales se han acercado a la naturaleza, con ese sentimiento que hace que el espíritu se sumerja en el vaivén de lo vital y de lo transitorio.

La ola de Korin señala un espíritu que se estremece frente al mar con las infinitas manifestaciones del océano y que sabe aprehender lo mismo la fuerza de las olas marinas que el desgranarse en un infinito mundo de pedrerías. Al ciervo no se le produce como un simple animal, estudiando las partes anatómicas de su cuerpo; se le ve, se le ama como un ser sagrado que representa una noble misión sobre la tierra. Su cuerpo es ágil como lo es todo aquello que no tiene trabas, que es sencillo; es dulce en su expresión como también lo es todo ser desprovisto de prejuicios y abnegado en la naturaleza límpida y clara de los bosques y de las praderas.

El pintor está acostumbrado desde su más tierna edad a contemplar la noche en que la luna resplandece soberbia sobre el inmenso océano, ha sentido por muchos años el abrirse las corolas de los crisantemos y de los cerezos, ha amado la sombra de los abetos y de las criptomerías. Y aun cuando sólo ha tratado de escribir pensamientos referidos a la naturaleza, estos siempre han tenido su más amplia representación en sus formas más acabadas.

La escritura japonesa es uno de los elementos que nos debe hacer más comprensible el alma del nipón, ella nos dice por sí sola cómo el hombre reproduce la naturaleza en sus elementos más sintéticos y nos entrega la esencia de lo visto, de lo percibido por el espíritu. !Que monotonía tan grande presenta nuestra escritura de veintitantos caracteres, desprovistos del significado de la naturaleza y aún de tabúes y símbolos de trascendencia! Es ingrata la comparación de las escrituras del Occidente y del Oriente.

En la nuestra hasta la misma enseñanza debe ir sin vida, pues las sílabas y las letras no tienen ni nunca han tenido imagen, sentido, ni aún intelección para el niño que ávido de lo que ve, de lo que oye, es decir de lo que percibe, quisiera tener el sentido viviente de su fantasía y creación. No hay mayor sufrimiento para el occidental que el aprender a escribir y a leer. Las pedagogías no han sabido profundizar este punto que representa uno de los puntos negros de una civilización y cultura que quieren llegar a lo más íntimo de las cosas por medio de elementos esquemáticos, bruscos y vanos.

Y ahora, pensar en la tranquilidad espiritual del niño japonés que al escribir siente el poder representativo y bello de la montaña, el lago, el árbol, la pionía. El ideograma trazado por su mano contiene la placidez de la primavera, la pulcritud de la ceremonia del Té o del Santuario o la gracia y exquisitez de la geisha o de la pagoda.

Frente a esta manera de sentir el mundo, nosotros hemos creído que la educación artística, si se refiere a la pintura, debe radicar en una anatomía perfecta del cuerpo humano, en el conocimiento de todas las reglas de la perspectiva y hasta si es posible en el análisis químico de las pinturas en sus combinaciones. Creemos que la voz debe educarse en escalas artificiales en unos cuantos sonidos, radicar en el funcionamiento de determinados órganos, llegar hasta una nota extremadamente aguda o grave. La mejor expresión de esto ha sido la castración de los exquisitos cantantes de la capilla Sixtina…..

Y sin embargo, que enorme enseñanza nos entrega la Geisha que para llegar a expresar por medio del canto sus sentimientos, en las noches frías de invierno frente a la playa, entona sus canciones, modifica totalmente lo artificioso que ha habido en la modulación de su voz y se sumerge en los sonidos de las cosas y en los ruidos de la naturaleza.

En el mismo *No*, teatro clásico japonés, cada autor crea su propia modulación, es libre en la expresión de su ira o de su bondad y aún es acompañado por el Koto o el Shamisen sin reglas prefijadas y sólo ampliamente guiados por el sentimiento que el acto mismo de la tragedia o de la comedia les sugiere. Todos los ruidos son interesantes, todas las tonalidades son totalmente bellas, en una palabra, es la naturaleza viviente la que se interna en el espíritu humano para crear microcosmos infinitamente bellos.

Y tomando en cuenta ésto, podemos fácilmente comprender por qué el occidental no puede sentir con facilidad las manifestaciones artísticas del Oriente. Su visión es cuadrática, siempre trata de ver los planos de la perspectiva, oír el tono mayor o el menor, la voz primera o la voz segunda; busca el metro, la rima, la descripción acabada en la superficie, le interesa más el movimiento desenfrenado que la postura aparentemente insignificante de los dedos de las manos; intenta dar majestad a sus construcciones con la altura, sin tener el sentimiento del tejado, el ventanal o la barandilla.

En fin, tratemos de refugiarnos en un mundo nuevo, ser sencillos y hasta imaginarnos, estar en la naturaleza con espíritu desinteresado, sintiendo la belleza de la flor más pequeña e insignificante, la exquisita bondad de la piedrecilla que protege la vida de un diminuto ser viviente. Mundo Nuevo sin el prejuicio de la línea o de lo uniforme, mundo apenas vislumbrado en las ninfas de Monet o las impresiones Debussianas. Sentimiento apenas bosquejado en las rondas de Strawinsky o las añoranzas de Ravel. Mundo Nuevo de esencias que sepa llegar a lo multiple de la naturaleza y tenga el don de sentir la vida en todas las manifestaciones de la existencia.

# MÚSICA ORIENTAL Y MÚSICA JAPONESA

La tumba nueva empieza a tener Musgo.
Lluvia de primavera.

Kyorai

Al ver mi pozo cubierto por la enredadera
de una campanula, fui a pedir agua al
vecino.

Chiyo

1930

They are painting an evening under cherry blossoms

# Lugar de la música Japonesa en la Música Oriental

Oriente y Occidente

La importancia de la música oriental es evidente en el momento presente. Grandes diferencias podemos afirmar entre la música occidental y la oriental. Sobre todo la música oriental está por las concepciones y sentimientos cosmológicos más profundos y amplios mientras que la occidental por propósitos esencialmente humanos.

El oriente expresa por medio de la música su sentimiento cósmico, ya sea el aspecto del universo y del infinito a través de la música hindú; ya la naturaleza en su ritmo y devenir en la música japonesa, o ya el fluir y la vitalidad del ambiente en la movida polifonía china.

No es posible sentir el ritmo, los giros melódicos, el desarrollo de las gamas orientales, sin hacer una referencia a la filosofía y las visiones más hondas de su concepción del mundo y de lo trascendente.

La música en el Occidente al referirse a todos los sentimientos del hombre, es la expresión más acabada. Una melodía es amorosa, otra es serena, otra apasionada. Una obra musical reproduce el dolor humano, otra se interna en las placideces que entrega el goce de las delicias anímicas.

La obra de Beethoven es exquisita, porque sabe compendiar, como lo hiciera Shakespeare, todos los momentos espirituales del hombre. Se interna lo mismo en el dolor que en la alegría, en la serenidad que en la desesperación. Bach sabe llegar más a lo profundo de la conciencia humana y captar los momentos más intensos de la subconciencia. Es el dialéctico del sentimiento.

Así también Strauss se sumerge en los caracteres más violentos de la Historia y nos presenta la voluptuosidad de Salomé o el terror de la muerte y la serenidad de la transfiguración. Lo mismo Mozart que Haydn, Brahms que Brukner, Debussy que Strawinsky; todos tienden a expresar el sentimiento humano en sus múltiples manifestaciones.

El folklore del Occidente sabe expresar el alma popular, el dolor impenetrable del pueblo mexicano o la nostalgia que cincela la tristeza del noruego. Nada deja de tener referencia a lo humano. Es por eso que Agustín de Hipona debe considerarse como el filósofo más profundamente occidental.

En forma distinta a este sentimiento del occidental, el oriental sumerge en el universo su vida, considérase un átomo en el devenir cósmico. No desliga su finalidad de los sombríos fenómenos del cielo o de las bellas manifestaciones de la naturaleza.

## El sentido natural de la música oriental

La música oriental está empapada de las estaciones de la tierra o de la posición que guardan los Astros. El invierno, la primavera, la lluvia, el granizo, el caer de las hojas son motivos de su ser. Hay música propia para el nacimiento de la aurora, otra para el declinar del día, aún existe el sentimiento musical propio para la lluvia cuando ella es pesada y fructífera, en verano, o cuando ella es despiadada, fría y monótona como en invierno.

La magia envuelve el sentido de los cantos de China, Siam, India, Java, Malasia, con el perpetuo devenir de la existencia universal y cósmica.

Los motivos musicales están en íntima concordancia con poderes mágicos, relacionados con el devenir de las estrellas y las constelaciones. Tienen resonancia en el movimiento del Universo así como en el susurro del viento o en el ruido de la rana al golpear las tranquilas aguas del estangue.

Dos giros melódicos son libres para ser expresados por un artista y conservar su propio carácter simbólico y significativo.

## Música en la India

La música en la India tiene la serenidad y majestuosidad del Himalaya y del Ganges. Es una serie infinita de posturas estáticas, en figuras de símbolos trascendentales. Tal como las manos del Budha que representan todas las pasiones y todas las virtudes. En la danza de infinito número de actitudes como los alto y bajo relieves que en tiempos arcaicos adornaran los templos de Benarés, Madura, Agra, Elora o Tanjore.

La música de la India posee un sentimiento siempre filosófico. Es complicada como sus templos y representa una procesión de figuras en momentos de éxtasis. Las campanas tienen fulgor en la melodía porque son llamadas a las luces de la inteligencia y del Universo.

Esta música no guarda tragedia como la islámica, es serena, tranquila como las procesiones de sus elefantes, como las visiones portentosas de sus cordilleras y ríos. Los modos musicales corresponden a los pensamientos en una unidad perfecta. Nos recuerda la música hindú, la frase de Krishna para Arjuna:

"Lo que es, jamás dejará de ser, y lo que no ha sido, jamás llegará a ser" Ritmo en el Cosmos de una eternidad deslumbrante con el monótono caminar de la existencia universal. No ahonda la vida, porque ella guarda dolor. Sólo aspira al Nirvana de profunda certidumbre y serenidad.

## Música en el Archipiélago

La música de Siam es de una monotonía y a la vez verdad infinita. Es el canto solitario seguido de un unísono en coro desconcertante por su primitivismo y de un ritmo y una melodía frecuentemente repetidos en los timbres del patkong o en las percusiones del gong.

La música de Indochina, Java, Malasia y el Archipiélago en el Sureste de Asia, presenta el carácter primitivista de la fatalidad. Sus llamadas son cantos pentrantes. Intuición del paideuma de los pueblos vírgenes. La vida se relaciona con el perpetuo vaivén de sus mares y océanos, tiene el ardor del trópico, pero también la visión de un más allá flagelante y anonadador.

## Música China

La música en China es bulliciosa, llena de vida. Tiene la pluralidad de ritmos y melodías. Es luminosa como sus pagodas, es brillante y profunda como sus poesías y pensamientos filosóficos.

Presenta el fulgor de una multitud de seres vivientes, llena de colorido y desenvuelta en el perpetuo devenir de la Historia y del Cosmos. La vitalidad de su existencia reproduce el espíritu de las ciudades chinas llenas de iluminación, con faroles, anuncios de multitud de colores, belleza sin igual en los diagramas, ruidos innumerables, fantasías locas, suplicios de aspecto terrorífico, profunda vitalidad en el drama y la pasión, belleza en las lacas, sutileza en la poesía, profundidad en el pensamiento. Y la música es bulliciosa con el gong, los platillos resuenan con poder, las campanas sonríen y la voz exhala sus lamentos en modulaciones constantes y hondamente emotivas.

## Música japonesa

La música en Japón se interna tanto en los ruidos como en los sonidos, porque acercándose más a la naturaleza, sabe apreciar la belleza que guarda el croar de las ranas, el golpe del agua en el techo, el ruido del mar en calma o en tempestad, el murmullo del viento al pasar por las ramas el ciprés, el canto del pájaro o la cadencia de la rama en su lucha con el huracán.

Es la música japonesa de una belleza característica, pues el sentido que la anima está en el rincón más profundo del espíritu humano. Tiene ese aspecto de sensualidad que guarda el Haikai, el perfume primitivo de una Tanka del Mannyoshu o la elegante belleza que la cortesía tuviera en la época de Heian.

Es relativamente triste. Se extasía ante el monótono ir y venir de las olas, en la lejanía del vuelo de las gaviotas, y guarda el misterio de los ruidos y la penetración intuitiva de sus vivencias.

En el Kabuki son bulliciosos el gong y el shamisen, pero el drama tiene la profundidad de la tristeza y la aspereza de la desesperación. En el No, es sensorial y conserva las virtudes contenidas en el Bushido, con un espíritu recto y un sentimiento de dignidad y elevación espirituales.

La fantasía china se despliega en la magnificencia de la polifonía, desde el drama en que las voces son trágicas y el gong lleva el misterio del Oriente, los tambores son bulliciosos y alegres, las flautas tienen el sentido de la muchedumbre en su choque vital, los palillos muestran el ritmo vivaz de un sentido atrayente por su existencialidad, hasta las brillantes representaciones teatrales envueltas en multitud de colores, mascaras fantásticas, actitudes cómicas o dramáticas y la algarabía de los sonidos y de las voces en una eternal y penetrante vitalidad.

En cambio la melodía japonesa se despliega en los acordes del Shamisen, en las notas punteadas del Koto o en la penetrante voz de la flauta, para reproducir el sentido de la naturaleza en su fluir contradictorio y creador. Es triste en comparación con la música china, tiene esa lejanía de la contemplación a la que pasa y se desarrolla en un eterno vaivén de vida y muerte. Es sutil y lleno de esencia el canto japonés como los colores de sus gamas pentáforas, arrulla con sus giros melódicos alejados de los nuestros por su entonación y el ritmo diferenciado de sus multiples aspectos. Se adentra en la vida pasada de los ancestros a través del Shinto, en el deber sagrado del bushido y en la exquisitez poética de la Tanka o del Haikai.

## El ethos en la música oriental

Los giros melódicos en el Oriente o Ragas, tienen una significación que ha perdurado a través de los tiempos. Son el ethos a que los griegos se refieren. Tienen la expresión exquisita de su significado único en el pensamiento y sentimiento de la tradición.

El No, o sea el más antiguo drama japonés, sólo se expresa a base de estos diseños melódicos, guarda el sentido del conjunto y deja al artista la manera de expresar más o menos apasionadamente, su propio contenido. No es rígida la melodía como lo es en el Occidente, va en armonía con el sentimiento del actor y presenta en cada momento un motivo sorprendente de creación.

## El Africa y su expression musical

No sólo la música del Oriente sino la misma Africana sabe internarse más en lo cósmico que en lo humano. El África fértil, erótica, llena de calor tropical, con la fuerza de su poder fecundante manifiéstase a través de la melodía y el ritmo de sus danzas en que los hombres terminan flagelaos por la fatiga. Su ritmo es de lujuria y su melodía es de eternal vitalidad.

## La filosofía oriental y la música

Dentro de los sistemas filosóficos aparece la doctrina musical El kindi en Arabia, formula las reglas musicales en el siglo XX de la Era Cristiana y Al Farabi, Abu Nasr Mahammed Ibn Tarkhan, filósofo peripatético, hace lo propio en language y entendimiento filosófico. Los modos árabes contienen aspectos específicos llamados Makamats.

En la India las Ragas son los seis hijos de Brahma y Saraswati, genios que presiden las pasiones y tienen un sentido cósmico. Es natural que el Oriente una al aspecto estático con la interpretación del cosmos y del hombre. Hay una unidad substancial en las concepciones del Oriente que no sólo tiene la afirmación conceptual del Universo, sino también la expresión bella de conjunto.

El "Ramayana" es una tremenda epopeya que se desarrolla en la imaginación metafísica de los primeros pobladores del Himalaya y del Ganges, pero no sólo guarda la belleza de sus imaginaciones, la pureza de su expresión, sino que se adentra en los problemas anímicos más profundos. Con interpretación filosófica señala el combate del bien y del mal, y ve, a través de los más duros combates, las fuerzas espirituales en perpetua; y tenaz lucha. El "Mahabarata" es aún más filosófico y el diálogo entre Krishna y Arjuna, uno de sus episodios más interesantes, nos muestra no sólo la belleza de un horizonte de batalla, sino la más penetrante discusión metafísica sobre el ser, la eternidad y la inmortalidad.

!Que grandes son estas epopeyas que saben realizar el ideal platónico de la Trinidad: belleza, bondad y verdad!

Los Vedas son himnos primitivos, la naturaleza tiene ese saber del canto ingenuo pero también la fuerza que da la intuición y la vida. El Sama Veda, con su poder mágico, llevará la melódica frase del canto oriental, sumergiéndose en la imploración a los fenómenos cósmicos.

Ni la Ilíada, ni la Odisea, grandes epopeyas del Occidente, tienen ese doble fondo, pues guardan el sentimiento estético como el Tesoro único de su existencia.

Los santuarios de Benarés, Lahore y Agra ostentan el sentimiento místico de las verdades, la odiosidad de los vicios y la trascendencia de las concepciones cósmicas. Por eso son complicadas las columnas de los templos hindús, multiples las figuras de las pagodas chinas, complejas las estructuras de los santuarios en Siam, Malasia o Java.

Ya Rumi ha profundizado la concepción oriental al referir sus pensamientos a la Unidad, sólo lograda por una penetrante y Honda intuición.

Gran enseñanza tienen los sistemas musicales de China expuestos con la penetrante visión filosófica por Huai nan tsé, y Lu Pu Wei, concepciones de moral que llegan a las formas más extensas de una verdadera política social.

# "Filosofía Oriental y Filosofía Occidental"

No ignoro que este mundo es tan sutil
como el rocío de la vida.
!Sin embargo! !Oh, sin embargo!

Yssa

Conferencia pronunciada en el Paraninfo de la
Universidad Nacional Autónoma de México

## Relaciones entre la Filosofía Oriental y la Occidental

La investigación que tengo la honra de presentaros esta noche, tiene las dificultades máximas por su heterogeneidad y profundidad. No hay propiamente filosofía oriental y filosofía occidental, son muchas las filosofías orientales y también muchas las occidentales. Pero en su conjunto presentan caracteres propios y específicos.

Se requiere un análisis fenomenológico, de reducción esencial, para descubrir el sentido íntimo de ambas culturas, en algunos aspectos completamente alejadas.

Es indispensable notar las diferencias, no sólo en el motivo ni en el método, sino fundamentalmente en la intuición y concepción cósmicas y vitales. La Wessenschauung, de que hablan los alemanes, o sea la concepción del Universo, tiene un aspecto completamente distinto a través de las doctrinas panteísta o Cristiana occidentales y afirmada a través de las palabras de Budha, Confucio, Laotzé o Patanjali.

Grandes diferencias vamos a notar en la estructura moral de ambas figuras. En el Occidente la moral aparece ligada siempre a la norma y al imperativo y en el Oriente a la imitación y a la ejemplaridad.

Pero, para hacer comprensible el asunto y no divagar en multitud de terrenos y de aspectos, señalaremos un solo campo de investigación esta noche y este será el del pensamiento filosófico japonés. Lo escogemos, porque ofrece los caracteres más primitivos y así mismo los más modernos. Porque cada día se acerca más a la concepción occidental y sus problemas ofrecen un aspecto interesantísimo a nuestra civilización contemporánea. Tan es así, que por ejemplo la formación del Estado de Manchukuo se le coloca, no dentro de la política internacional, sino en una de las fases de la filosofía japonesa.

Más tarde dedicaremos algunas pláticas para investigar asuntos de mayor complejidad como son las diferencias entre las concepciones nuestras y las chinas, entre ellas las de Laotzé y de Confucio; y las hindús, tan profundas como las consignadas en los Vedas y en la Filosofía de los grandes sistemas como el Yogi, la Sankya y la Búdhica.

## I

No cabe duda que uno de los temas más atractivos para el conocimiento de las relaciones entre la filosofía occidental y la oriental está propiamente en la investigación de la Filosofía japonesa que, a través de los siglos, vese influenciada por los pensamientos de China y de India y que actualmente se transforma al amparo de la cultura occidental.

Si bien es cierto que las Universidades japonesas acogen en el momento actual, con entusiasmo completo, las últimas conquistas de la filosofía occidental, proclamando las doctrinas de Husserl, Scheler, Keyseling, etc; también es cierto que en esas mismas universidades no se ha olvidado la enseñanza moral y política de Confucio, la concepción de la vida de Budha, la penetración metafísica de Laotzé y las concepciones cósmicas de filosofías hindús.

Para darnos cuenta de una manera amplia del panorama de nuestro estudio, presentaré a vuestra consideración en primer lugar, el aspecto general de la filosofía en Japón desde los tiempos más remotos hasta el momento en que la ideología occidental invade a manera de torrente el pensamiento del pueblo japonés; en seguida, disertaré acerca de las corrientes de pensamiento que influyeron inmediatamente en el Japón desde la era de Meiji; y por ultimo, hablaré del conflicto espiritual que se presenta en el momento actual frente a doctrinas tan distintas como son la occidental y la oriental.

## II

## ANTECEDENTES
## ENSEÑANZAS PRIMITIVAS

Es indispensable hacer notar que el contenido de este tema, como el de los demás que se refieren a la filosofía del Japón hasta antes de la época de la era de Meiji; no llega ni siquiera a pretender ser un bosquejo de dicho pensamiento y sólo lo enunciamos aquí como preámbulo y como iniciación a conferencias posteriores. Las ideas filosóficas en Japón en la época más remota deben ser estudiadas ampliamente en íntima comunión con las creencias religiosas que han imperado antes de la introducción del Budhismo, en la práctica de esta religión y más tarde en la espléndida época de la Corte de Nara con el establecimiento de la Universidad en sus íntimas relaciones con las culturas china e hindú.

Si el estudio se hace de esta manera se podrá ver cómo se verificó la transformación del pensamiento japonés cuando se puso en contacto con las filosofías que desde el siglo pasado hasta la fecha han imperado en el Occidente.

Reservo estudios especiales a la mitología japonesa en donde pueden tratarse asuntos tan interesantes como los de la Génesis del mundo, del sol, del Izumo, de los descendientes de Ninijí y de los orígenes del Shintoísmo. Para estos estudios nos auxiliarán dos obras japonesas como son el Kojidki y el Nihonghi. Indudablemente el Kojidki, a la manera de las rapsodias griegas nos ha trasmitido los hechos históricos más antiguos y más interesantes envueltos en leyendas y en fantasias poéticas.

## EL SHINTOISMO

El Shintoísmo, o sea la religión nacional, es digno de estudio y meditación. Ha sufrido multitud de influencias principalmente de tres Corrientes: el Confucionismo, el Budhismo y el Cristianismo y presenta actualmente características diversas según la secta que lo práctica.

Sus bases son, por un lado, el culto a los ancestros y por otro, su práctica como religión. El Shinto en su época primitiva no tenía ni culto, ni ceremonias, ni aún la adoración y así se desenvolvió particularmente durante la corte de Heian. Llega a ser más tarde la religión nacional en la época de los Takugawa, comprendiendo una mezcla de religiones extrañas.

## LA CULTURA CHINA

Las relaciones entre Japón y China son de importancia vital y su estudio nunca debe faltar para una Buena comprensión de la cultura japonesa. De estas relaciones se pueden sacar conclusiones importantísimas para entender sus manifestaciones artísticas y sus transformaciones religiosas y filosóficas. Ningún pueblo ha influido tanto en el japonés como es el chino y es verdaderamente notable como, a pesar de esta influencia, el pueblo japonés ha sabido conservar su propio sello y su distinción característica. A taravés de China recibe el Japón su doctrina Búdhica que ha de transformar su visión del mundo y todos los elementos de su cultura.

## EL BUDHISMO

La introducción del Budhismo en el Japón, en el siglo XIII durante el reinado del Emperador Kimmei señala aspectos nuevos en la vida del Japón. El Príncipe Shotoku, consagra su vida al progreso y a la cultura japonesa y a él se debe la divulgación más amplia del Budhismo. Se dedica a la filosofía china, a las ramas más antiguas de la filosofía hindú, haciendo comentarios de los Sutras, de las obras de Confucio y Budha. Es interesantísima la obra de este príncipe tanto en el aspecto ideológico como en su obra política interna y externa. La introducción del Hinayana o Budhismo primitivo de carácter esencialmente realista se va transformando en un marcado idealismo en la doctrina del Mahayana. Esta trasformación es tan interesante, que muestra cómo Japón asimila doctrinas extrañas, sabe impregnar su esencia a las mismas. Es tan interesante estudiar con todo detenimiento esta trasformación, que siempre he considerado que da la clave para el buen entendimiento de todos los problemas de cultura japonesa.

# LA UNIVERSIDAD DE NARA

Pero ahora se nos presenta la época de la Corte de Nara que es una de las más profundas para la cultura japonesa y a la cual me tengo que referir brevemente para que veáis el estado en que se encontraba el Japón cuando fue invadido por el occidente material y espiritualmente. Es indispensable dar un bosquejo de cuál es la situación de Japón en esta época para entender su asimilación a la cultura occidental en todos sus aspectos.

La Universidad de Nara fue establecida a principios del siglo VII. Sobre el modelo de las universidades de los Tang, introduce en Japón los sistemas políticos, la filosofía, la poesía y el arte de China. La Universidad se divide en cuatro Facultades. La primera es la de Filosofía, donde se enseña principalmente las doctrinas de I-ching y de Shang Shu, filósofos anteriores a Confucio. La facultad de Historia, dedicada principalmente a describir las fases del movimiento histórico en China. La Facultad de Derecho que se refiere a ambas legislaciones. Y la Facultad de Ciencias que dedica su atención fundamentalmente a las Matemáticas.

Fuera de la Universidad existen escuelas especiales donde se enseña Astronomía, Ciencia del Calendario, Adivinación, Medicina, etc.

La cultura china influye poderosamente en esta época en el pueblo japonés y lo propio puede decirse de la cultura hindú.

# EL SENTIDO

A través de todos estos movimientos culturales, siempre se ha tendido a la restauración de la doctrina del Kedo, del camino recto. Este es uno de los problemas que ha unificado al Oriente. La doctrina de los contrarios que se resuelve en el camino recto, constituye una honda y profunda concepción del Universo. El Kedo, está integrado del concepto *do* (camino recto), tiene la misma fuente y el mismo significado que el *tao* de que hablara Laotzé y el contenido del "Yi King" o "Libro de las Mutaciones" entre los chinos. El sentido, el tao, el do, conceptos idénticos de la Filosofía Oriental. Lo contrario y lo contradictorio siempre se resuelven en el polo o en la síntesis. Todo es un devenir, una eterna lucha de elementos antagónicos. Y resolviendo esa perpetua paridad, realízase el camino recto.

Hace mucho tiempo, en remotísimas épocas apareció en el lejano oriente el famoso tratado "Libro de las Mutaciones". No es un producto individual sino colectivo, tal como lo fueron la Ilíada en Grecia y el Mahabarata en la India.

El contenido de este hermoso y profundo libro es el concepto de Inyo-do que quiere decir que en todo objeto manifestado están presentes principios positivos o masculinos y negativos o femeninos, el Yang y el Yin. La filosofía de esta obra está propiamente en investigar el efecto de esta antinomia en todos los fenómenos y la resultante hacia una armonía y equilibrio universales.

El libro de las Mutaciones sirve de base a las ideas shintoístas. Mezclada esta filosofía con el animismo japonés antiguo, se crea el sentido más profundo de esta religión y filosofía orientales. Es uno de los credos primitivos que se encuentran en las razas turanias y en las del Tibet y Asia centrales. Libros máximos del shintoísmo fueron coleccionados en el siglo VIII antes de Cristo y se han conservado por tradición.

Si escudriñamos las doctrinas del Oriente, siempre nos encontramos a los antagónicos en una lucha titánica y cósmica. El libro de los Reyes en la Persia, El Ramayana en la India y el combate entre Yamato e Izumo, en el Japón; muestran el sentido último y primordial de la filosofía oriental.

No haciendo caso de los aspectos heróicos y naturalistas de las tradiciones shintoístas, encontramos material suficiente en el Kojidki y en el Nihongi para ver las relaciones de este sistema con el Libro de las Mutaciones.

Por ahora, dejamos apuntada esta base de filosofía para que a su debido tiempo la profundicemos y veamos su repercusión en el pensamiento occidental de épocas recientes.

## III

## PRIMEROS ASPECTOS DE LA FILOSOFÍA OCCIDENTAL EN JAPÓN

## EL EMPIRISMO Y EL MATERIALISMO OCCIDENTALES

El aspecto que presenta el Japón hasta entonces es de una complejidad enorme, pues reúne en su seno los productos de la cultura oriental y la suya propia. Al ser invadido por el pensamiento occidental, la transformación se opera de manera violentísima. Y digo violentísima, porque el occidente entregaba al Oriente, doctrinas que estaban radicalmente opuestas a las que el Japón se había habituado.

EL POSITIVISMO, EL UTILITARISMO Y EL MATERIALISMO
del siglo pasado que predominaron en Occidente, habían de enfrentarse
a doctrinas proclamadas por Budha o Confucio, a ideas metafísicas del
taoísmo y sentimientos de honor aportados por el Bushido. El sistema
filosófico de origen anglo-americano, con sus bases en el Empirismo y en
la Teoría de la Evolución, llegó a este pueblo a principios del período de
Meiji, es decir, en el año 1870.

## EL CHOQUE DE IDEAS

Ya sabéis que el estudio de los clásicos chinos tuvo como objetivo
fundamental la moral y la política social, y ahora cabe suponer, qué honda
lucha espiritual se operó en este pueblo cuando el Occidente le señalaba
como objetivo supremo de su pensamiento el estudio del mundo físico,
biológico y psicológico, en sus formas esencialmente prácticas y científicas.
La naturaleza ya no iba a seguir poseyendo el sentimiento de lo viviente
envuelto en el misterio de la fantasía y del ensueño, el hombre ya no seguiría
permaneciendo sumido en el proceso cósmico a través de las doctrinas de
Confucio, de Budha o de Laotzé; sino que se presentaría como el ultimo
término de la serie animal, como un engrane dentro de la material burda e
inepta, como un ser sin significación trascendente de ninguna especie.

## EL UTILITARISMO

Bentham y Mill establecen la doctrina que ha de servir de base a
una conducta práctica, esencialmente utilitaria. Sabemos bien cuáles son
las bases de esta corriente que viene desde Fransico Bacon y Hobbes,
pasando por Locke, Berkeley, Hume, a través de las doctrinas de la
asociación de Hertley y de los principales representativos de la Escuela
Escocesa, Brown, Stewart, Reid, Smith y llegando hasta Augusto Comte.
El valor de la percepción y de la representación había sido
ya elaborado por David Hume y el conceptualismo de Mill como
admirablemente lo hace patente Meinong, influye poderosamente en la
investigación de los conceptos científicos. Esta doctrina, que identifica
la utilidad con la verdad, había de provocar en el Japón una reacción
violenta para acercarlo a la vida práctica y a los problemas superficiales
del llamado progreso.
Si a esto agregamos el evolucionismo de Spencer y de Darwin,
notaremos que la transformación tenía que ser aún más radical, pues el

hombre se le quitaba toda su dignidad conquistada a través de las más amplias especulaciones teológicas y antropológicas y se le sumía en el orden de los seres vivientes como un simple eslabón de la serie vital.

Es muy difícil darse cuenta de qué estado espiritual se produjo en este choque de ideas, pues cabe imaginar que el caos fue aún intenso que el que contemplamos en la actualidad. Se necesitaba que mente nueva recogiera estos principios y los exaltara y los promulgara como la verdad última y a esto se dedicaron no solamente profesores europeos que fueron directamente a Japón, a esparcir esas doctrinas nuevas, sino mentes jóvenes japonesas que son ampliamente reconocidas en el propio Japón.

## LOS INICIADORES DEL MOVIMIENTO

Fukusawa se dedicó con preferencia al estudio de estas nuevas formas del saber y estableció a principio del período de Meiji una gran institución que actualmente se conserva como Universidad particular, la Universidad Imperial de Toko se interesó grandemente por la corriente nacionalista de Spencer y de Darwin a través de las enseñanzas zoológicas del profesor Americano Morse.

El Dr. Toyama, Decano de la Universidad Imperial y después Rector y Ministro de Cultura, siguió de cerca la teoría evolucionista y el Dr. Kato, Consejero Confidencial del Estado, propugnó por la doctrina más extrema del evolucionismo sustentada en la obra de Haeckel.

Es evidente que en la Universidad Imperial de Tokio se daban a conocer también otras direcciones. Así Cooper, profesor inglés, propagó las doctrinas de Kant y de Hegel. En el año de 1890, el Dr. Busse explicaba, además de la doctrina de Kant, la idea filosófica de Laotzé y señalaba la importancia de la Historia de la Filosofía. Así mismo en el año de 1894 llegó el Dr. Koebe que enseñó durante 20 años en la Universidad de Tokio los más variados sistemas de la filosofía occidental. Mostraba una notable influencia en el sentido de las filosofías de Shopenhauer y Eduardo Von Harmann y señalaba siempre un franco misticismo.

Al lado de estos maestros extranjeros, los japoneses se dedicaban con todo ardor al estudio de la Filosofía Occidental y el Dr. Nakashima fue el primero en exponer el neo-kantismo en la moral; el Prof. Motora explicó la psicología con tendencia empírica y experimental y el Dr. Inouye, actual profesor emeritus, que tuve el honor de conocer en 1930, ha tratado de formar un sistema como síntesis de la Filosofía Oriental y Occidental. Actualmente el Dr. Genyoku Iwaki representa una de las más vigorosas

Corrientes filosóficas del momento, me refiero a la fenomenología y lo propio hacen otros sabios, los doctores Seichi Yoshida, Hirotaro Hayashi, Yoshizo Kuwada, Yasubumi Fukasakky, Takaiko Tomeyada, Toko Imai, Koreshige Masuda, Seichi Tsuchida, Takashi Ide, Kichinousuke Ito, de la Universidad Imperial de Tokio; así como Toshido Nogami, Hajime Tanabe, Juzo Ueda, Shinkichi Inamura, Sukema Ozima, Tetsro Watsuji, Geig Honda, Shuzo Kuki, Tokuryu Yamauchi de la Universidad Imperial de Kioto; a quienes tuve el honor de frecuentar en mis investigaciones filosóficas. Debe también manifestar, señores universitarios, que existen dignísimos maestros en las universidades particulares del Japón, tan bellas como la de Wasea, Rikkio, Meiji, etc.

## LAS DOS CORRIENTES DE LA FILOSOFÍA ORIENTAL

Esto nos da a entender que a fines del siglo pasado se introdujeron en Japón las dos Corrientes más interesantes de la Filosofía Occidental, es decir, el racionalismo de origen continental y el Empirismo cuya fuente la encontraremos en Inglaterra.

Las dos Corrientes fueron completamente nuevas para el pensamiento japonés y en general asiático; pues si bien es cierto que algunos sistemas chinos o hindús se presentaron muy semejantes al Empirismo y Racionalismo Occidentales, también estas direcciones, ofrecen diferencias radicales con nuestros pensamientos. Así la Filosofía China de Wang-Yang-Ming tiene aspectos de un pragmatismo occidental, pero claramente se ve que está influenciado por las concepciones metafísicas más absolutas. De ninguna manera podemos creer que las formulas cosmológicas del Tao reproduzcan el evolucionismo de Haeckel, ni tampoco que el Atman de la Filosofía de los Upanishidas sea la esencia del Cartesianismo en lo que respecta a la existencia del mundo como dependiente de la naturaleza estructural del sujeto. Alguien malamente ha creído que la doctrina de Augusto Comte puede encontrar su paralelo en el Sakya-Muni, Schelling está repitiendo las palabras de Lao-Tse, el nihilismo de Stirner se encuentra en los argumentos de los madhyamikas. Todo esto es completamente falso. !Que diferencia tan enorme encontramos entre el Idealismo de Kant y la Doctrina de Didgnana, entre el fideísmo Occidental y la dialéctica negativa de los brahamanes, en los Yogacaras!

Sólo un análisis superficial nos puede traer esa identidad. El sentido a que se refiere Lao-Tseu es completamente distinto del evolucionismo de Haeckel, el uno empapado en las meditaciones más hondas de la Metafísica, el otro con la negación más absoluta de lo trascendente.

La llegada del profesor Deway a Japón acentuó considerablemente la visión pragmática y es de notarse esa influencia en algunos sectores intelectuales del Japón contemporáneo. Sin embargo la reacción no se ha hecho esperar. La Filosofía de Eucken, con tendencias espiritualistas se opuso francamente al materialismo y lo propio aconteció con la doctrina de Bergson que subyugó a los místicos y a los intuicionistas. Creo firmemente que esta oposición al utilitarismo no fue de gran provecho para el Japón, pues su sentimiento es completamente distinto y presenta elementos propios que con facilidad hubiera satisfecho cualquiera situación espiritual, por más incierta que ésta fuera.

## EL ANHELO CIENTÍFICO

Una fundamentación científica no podía estar fundada en el pragmatismo, ni tampoco en el romanticismo, tenía que buscar bases más serias y es por eso que la investigación se dirigió en un principio a los filósofos esencialmente lógicos como Kant y los neo-kantianos.

A principios de este siglo la Filosofía de Kank fue ampliamente estudiada en Japón, sus obras fueron traducidas y dio lugar a que los filósofos se dividieran en dos bandos; los que seguían la doctrina y los que se alejaban de ella. Las escuelas de Baden y Marburgo sostuvieron la atención de los filósofos japoneses neo-kantianos. Windelband y Rickert en la primera escuela; Cohen y Natorp en la segunda señalan un idealismo que se interna en la investigación de la historia y la naturaleza, de la idea y del Universo.

Los estudiantes japoneses se dirigieron a las principales universidades alemanas para beber en el manantial mismo las doctrinas que más preocupaban al mundo Occidental.

## ULTIMAS FORMAS DE LA FILOSOFÍA OCCIDENTAL

Pero así como en Europa se operó un cambio fundamental pasando de un formalismo a una filosofía de objetos; así en Japón las Universidades en 1930 eran los centros de discusiones arduas en que ya se veía preludiar con toda claridad la Fenomenología de Edmundo Husserl, así como las últimas enseñanzas de Scheller, Nicolás Hartmann, Keyserling y los principales representativos de las nuevas tendencias filosóficas del Occidente.

Cuando visité al Dr. Genyoku Kuwaki, en la Universidad Imperial de Tokio, me sorprendió la documentación tan moderna de su biblioteca y la familiaridad con que discutía los problemas de lógica y del método fenomenológico. Y todavía más, en mis conferencias sustentadas en la Universidad Imperial de Tokio, sobre "El método que debe seguirse en la Sociología" y "La Nueva Lógica de la Historia", me causó placer ver con qué ardor se discutió conmigo los ultimos estudios filosóficos y sociológicos de Simmel, Max Weber, Von Wise, Tonnies, Marx, Engels y otros que representan el aspecto moderno de la ciencia de la colectividad.

Debo advertir, como parentesis, que también fue una sorpresa para el Dr. Kuwaki que yo le tratara estos asuntos, pues al terminar una de nuestras pláticas, él por puño y letra me escribía lo siguiente en lengua germana:

"Es para mí un grato placer y honra el saludar a un especialista de mi propio ramo que viene de un país que era para mí hasta hace unos instantes "tierra incógnita", pero el cual como he llegado a saber tiene antiquísimas ligas con nuestra patria. Especialmente grato me es el hecho de que el Dr. García de Mendoza trata siempre los problemas filosóficos desde puntos de vista que son idénticos al nuestro"

En donde se ve con toda claridad que nuestra tierra es completamente ignorada hasta por las clases intelectuales del Japón que, no sólo se duda de nuestra capacidad filosófica, sino aún más se nos tenía como tierra incógnita.

Por ultimo, las doctrinas de Dilthey, que dan una visión mejor de la historia y de las ciencias del espíritu, están siendo objeto de una amplio e intenso estudio en el lejano Oriente. Pero ahora, ¿toda esta documentación filosófica de cuño occidental puede llegar al alma japonesa y transformarla siguiendo nuestras propias huellas?

Expuesto lo anterior cabe meditar en los siguientes problemas: ¿la filosofía occidental puede satisfacer en todos sus aspectos las exigencias espirituales del pueblo japonés? ¿Cómo puede asimilar el pueblo japonés estas doctrinas, cuando su propia naturaleza está íntimamente compenetrada de lo viviente y de la naturaleza? ¿Hasta dónde cabe una síntesis entre la Filosofía Occidental y la Filosofía Oriental? ¿Es que el pensamiento japonés tendrá que sufrir transformaciones semejantes en el momento actual, como nunca lo ha tenido, a pesar de las influencias del budhismo? ¿Vendrá, en un futuro próximo, una reacción nacional frente a estos elementos esporádicos y fuera de la esencia misma de la naturaleza oriental?

Para terminar formularé las siguientes

## CONCLUSIONES

El aspecto interno del pueblo japonés se ha conservado intacto a través de todas las doctrinas que le han llegado del exterior. No cabe duda de que sabe asimilar y aprovechar admirablemente todas las contribuciones que pueblos extraños a él le han aportado. Sin embargo, cuando se interna uno en la naturaleza íntima del espíritu japonés, claramente se ve que se conserva íntegro, a pesar de las más profundas influencias ejercidas principalmente por China y la India.

Todo elemento cultural sufre, al llegar al Japón, una honda transformación. El Budhismo adquiere aspectos absolutamente naturalistas, el Confucionismo tiene en la Isla un carácter de belleza particular y la cultura occidental es tomada como baluarte a su propia integración nacional.

El Bushido, o sea el Código del Honor, el Kedo o sea el Camino Recto, el Shinto o sea la afirmación en los ancestros y la propia integración personal, la Showa que tiene un sentido profundamente nacional; jamás dejarán de constituir lo más noble e interesante del pueblo japonés. Todo lo demás no es más que la superficie. El sentido último está en la contemplación de la naturaleza y en la identificación del hombre con el perpetuo fluir de lo viviente. Amateratzu, o la Diosa del Sol, alimenta y fortalece, hace mas de 3000 años el espíritu del pueblo del Sol Naciente.

## SALUD

# BIOGRAFÍA DEL DR. ADALBERTO GARCÍA DE MENDOZA

El Dr. Adalberto García de Mendoza, reconocido como "El Padre del Neokantismo Mexicano". Fue profesor erudito de filosofía y Música en la Universidad Nacional Autónoma de México por más de treinta y cinco años. Recibió el primer premio internacional de Filosofía Oriental convocado por las Universidades Japonesas, cuyo galardón le fue entregado en Japón por su Alteza Imperial el Príncipe Takamatsu, hermano del Emperador de Japón. Escribió aproximadamente setenta y cinco obras de filosofía (existencialismo, lógica, fenomenología, epistemología) y música. También escribió obras de teatro, obras literarias e innumerables ensayos, artículos y conferencias.

Nació en Pachuca, Hidalgo el 27 de marzo de 1900. En 1918 recibe una beca del Gobierno Mexicano para estudiar en Leipzig, Alemania donde toma cursos lectivos de piano y composición triunfando en un concurso internacional de improvisación.

Regresó a México en el año 1926, después de haber vivido en Alemania siete años estudiando en las Universidades de Leipsig, Heidelberg, Hamburg, Frankfurt, Freiburg, Cologne, y Marburg. Ahí siguió cursos con Rickert, Cassirer, Husserl, Scheler, Natorp y Heidegger, de modo que su formación Filosófica se hizo en contacto con la fenomenología, el neokantismo, el existencialismo y la axiología, doctrinas filosóficas que por entonces eran desconocidas en México.

Al año siguiente de su llegada en 1927, inició un curso de lógica en la Escuela Nacional Preparatoria y otros de metafísica, epistemología analítica y fenomenología en la Facultad de Filosofía y Letras. En estos cursos se introdujeron en la Universidad Nacional Autónoma de México las nuevas direcciones de la filosofía alemana, siendo el primero en enseñar en México el neokantismo de Baden y Marburgo, la fenomenología de Husserl y el existencialismo de Heidegger.

En 1929 recibió el título de Maestro en Filosofía y más tarde en 1936 obtuvo el título de Doctor en Filosofía. También terminó su carrera de ingeniero y mas tarde terminó su carrera de Licenciado en Derecho en la Universidad Nacional Autónoma de México. Ingresó al Conservatorio Nacional de Música de México donde rivalizó sus estudios hechos en Alemania y recibe en 1940 el título de Maestro de Música Pianista.

En 1929 el Dr. García de Mendoza hizo una gira cultural al Japón, representando a la Universidad Nacional Autónoma de México. Dio una serie de conferencias en la Universidad Imperial de Tokio y las Universidades de Kioto, Osaka, Nagoya, Yamada, Nikko, Nara Meiji y Keio. En 1933 la Universidad de Nuevo León lo invita para impartir 30 conferencias sobre fenomenología.

De 1938 a 1943 fue Director del Conservatorio Nacional de Música en México. Aquí mismo impartió clases de Estética Musical y Pedagogía Musicales.

En 1940 la Kokusai Bunka Shinkokai, en conmemoración a la Vigésima Sexta Centuria del Imperio Nipón, convocó un concurso Internacional de Filosofía, donde el Dr. García de Mendoza obtuvo el primer premio internacional con su libro "Visiones de Oriente." Es una obra inspirada en conceptos filosóficos Orientales. Recibió dicho premio personalmente en Japón en el año de 1954 por el Príncipe Takamatzu, hermano del Emperador del Japón.

Desde 1946 hasta 1963 fue catedrático de la Escuela Nacional Preparatoria (No 1, 2 y 6) dando clases de filosofía, lógica y cultura musical. También desde 1950 hasta 1963 fue catedrático en la Facultad de Filosofía y Letras y la Facultad de Ciencias Políticas de la UNAM dando clases de metafísica, didáctica de la filosofía, metafísica y epistemología analítica. También dio las clases de filosofía de la música y filosofía de la religión, siendo el fundador e iniciador de estas clases.

Desde 1945 a 1953 fue comentarista musicólogo por la Radio KELA en su programa "Horizontes Musicales." En estos mismos años dio una serie de conferencias sobre temas filosóficos y culturales intituladas: "Por el Mundo de la Filosofía." y "Por el Mundo de la Cultura" en la Radio Universidad, Radio Gobernación y la XELA.

Desde 1948 a 1963 fue inspector de los programas de matemáticas en las secundarias particulares incorporadas a la Secretaría de Educación Pública. En estos mismos años también fue inspector de los programas de cultura musical, filosofía, lógica, ética y filología en las preparatorias particulares incorporadas a la Universidad Nacional Autónoma de México.

Además fue Presidente de la Sección de Filosofía y Matemáticas del Ateneo de Ciencias y Artes de México. Fue miembro del Colegio de Doctores de la UNAM; de la Comisión Nacional de Cooperación Intelectual Mexicana; de la Asociación de Artistas y Escritores Latinoamericanos; del Ateneo Musical Mexicano; de la Tribuna de México; del Consejo Técnico de la Escuela Nacional Preparatoria de la UNAM y de la Liga de Escritores y Artistas Revolucionarios (LEAR).

Fue un ágil traductor del alemán, inglés y francés. Conocía además el latín y el griego. Hizo varias traducciones filosóficas del inglés, francés y alemán al español.

En 1962 recibió un diploma otorgado por la UNAM al cumplir 35 años como catedrático.

Falleció el 27 de septiembre de 1963 en la Ciudad de México.

**Tratado de Lógica: Significaciones (Primera Parte)**
Obra que sirvió de texto en la UNAM donde se introdujo el
Neokantismo, la Fenomenología, y el Existencialismo. 1932.
Edición agotada.

**Tratado de Lógica: Esencias-Juicio-Concepto (Segunda Parte)**
Texto en la UNAM. 1932.
Edición agotada.

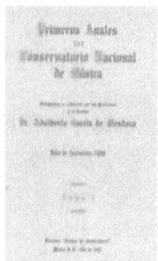

**Anales del Conservatorio Nacional de Música (Volumen 1)**
Clases y programas del Conservatorio
Nacional de Música de México. 1941.
Edición agotada.

## Libros a la Venta

**Filosofía Moderna Husserl, Scheller, Heideger**
Conferencias en la Universidad Autónoma de Nuevo Leon.
Se expone la filosofía alemana contemporánea a través de estos tres
fenomenólogos alemanes. 1933.
Editorial Jitanjáfora 2004.
redutac@hotmail.com

**Visiones de Oriente**
Obra inspirada en conceptos filosóficos Orientales. En 1930
este libro recibe el Primer Premio Internacional de Filosofía.
Editorial Jitanjáfora 2007.
redutac@hotmail.com

**CONFERENCIAS DE JAPÓN**
Confencias sustentadas en la Universidad Imperial de Tokio
y diferentes Universidades de México y Japón. 1931-1934.
Editorial Jitanjáforea 2009.
redutac@hotmail.com

**EL SENTIDO HUMANISTA EN LA OBRA DE JUAN SEBASTIAN BACH**
Reflexiones Filosoficas sobre la vida y la obra
de Juan Sebastian Bach. 1938.
Editorial García de Mendoza 2008.
www.adalbertogarciademendoza.com

**JUAN SEBASTIAN BACH**
**UN EJEMPLO DE VIRTUD**
Escrito en el segundo centenario de la muerte de Juan Sebastian Bach
inpirado en "La pequeña cronica de Ana Magdalena Bach." 1950.
Editorial García de Mendoza 2008.
www.adalbertogarciademendoza.com

**EL EXCOLEGIO NOVICIADO DE TEPOTZOTLÁN**
**ACTUAL MUSEO NACIONAL DEL VIRREINATO**
Disertación filosófica sobre las capillas, retablos
y cuadros del templo de San Francisco Javier en 1936.
Editorial García de Mendoza 2010.
www.adalbertogarciademendoza.com

**LAS SIETE ULTIMAS PALABRAS DE JESÚS**
**COMENTARIOS A LA OBRA DE JOSEF HAYDN**
Disertación filosófica sobre la musíca, la pintura,
la literatura y la escúltura. 1945.
Editorial García de Mendoza 2011.
www.adalbertogarciademendoza.com

### La Teoría de la Relatividad de Einstein

Einstein unifica en una sola formula todas las fuerzas de la Física.
Y afirma que el mundo necesita la paz y con ella se conseguirá la
prósperida de la cultura y de su bienestar. 1936.
Editorial Palibrio 2012.
Ventas@palibrio.com

### La Filosofía Judaica de Maimónides

Bosquejo de la ética de Maimónides sobre el problema de la
libertad humana y la afirmación del humanismo, las dos más fuertes
argumentaciones sobre la existencia. 1938.
Editorial Palibrio 2012.
Ventas@palibrio.com

### Johann Wolfgang Von Goethe

Obra escrita en el Segundo centenario del nacimiento de Johann
Wolfgang Goethe, genio múltiple que supo llegar a las profundidades
de la Filosofía, de la Poesía y de las Ciencia. 1949.
Editorial Palibrio 2012.
Ventas@Palibrio.com

### Las Siete Ultimas Palabras de Jesús
### Comentarios a la Obra de Josef Haydn. Segunda Edición

Disertación filosófica sobre la música, la pintura,
la literatura y la escúltura. 1945.
Editorial Palibrio 2012.
Ventas@Palibrio.com

### Booz o La Liberación de la Humanidad

Novela filosófica inspirada en "La Divina Comedia" de Dante. 1947.
Editorial Palibrio 2012.
Ventas@Palibrio.com

**RAINER MARIA RILKE EL POETA DE LA VIDA MONÁSTICA**
Semblanza e interpretación de la primera parte del "Libro de las Horas"
"Das Buch von Mönchischen Leben" de Rilke
llamado "Libro de la Vida Monástica." 1951.
Editorial Palibrio 2012.
Ventas @Palibrio.com

**HORIZONTELS MUSICALES**
Comentarios sobre las más bellas obras musicales. Dichos comentarios fueron
transmitidos por la Radio Difusora Metropolitana XELA de la Ciudad de
México entre los años 1945 y 1953 en su programa "Horizontes Musicales"
1943
Editorial Palibrio 2012
Ventas@Palibrio.com

**JUAN SEBASTIAN BACH**
**UN EJEMPLO DE VIRTUD. 3RA EDICIÓN.**
Incluye El Sentido Humanista en la Obra de Juan Sebastian Bach. 1950.
Editorial Palibrio 2012.
Ventas@Palibrio.com

**ACUARELAS MUSICALES**
Incluye: El Anillo del Nibelungo de Ricardo Wagner. 1938.
Editorial Palibrio 2012.
Ventas@Palibrio.com

**LA DIRECCIÓN RACIONALISTA ONTOLÓGICA EN LA EPISTEMOLOGÍA**
Tesis profesional para el Doctorado en Filosofía presentada en el año 1928.
Facultad de Filosofía y Letras de la Universidad Nacional Autónoma de
México. Presenta las tres clases de conocimientos en cada época cultural. El
empírico, que corresponde al saber del dominio, el especulativo que tiene por
base el pensamiento, y el intuitivo ,que sirve para dar bases sólidas de verdades
absolutas a todos los campos del saber. 1928.
Editorial Palibrio 2012.
Ventas@Palibrio.com

### El Existencialismo

En kierkegaard, Dilthey, Heidegger y Sartre.
Programa: "Por el mundo de la cultura." Una nueva concepcion de la vida.
Serie de pláticas transmitidas por la Estación Radio México
sobre el Existencialismo. 1948.
Editorial Palibrio 2012.
Ventas@Palibrio.com

### Fundamentos Filosóficos de la Lógica Dialéctica

Toda verdadera filosofía debe ser realizable en la existencia humana. Filosofía
de la Vida. En estas palabras está el anhelo más profundo de renovación de
nuestra manera de pensar, intuir y vivir. 1937.
Editorial Palibrio 2012.
Ventas@Palibrio.com

### Ekanizhta

La humanidad debe realizarse a través de la existencia. Existencia que
intuye los maravillosos campos de la vida y las perennes lejanías del espíritu.
Existencia llena de angustia ante la vida, pletórica de preocupación ante el
mundo... Existencia radiante de belleza en la creación de lo viviente y en la
floración de lo eterno. 1936.
Editorial Palibrio 2012.
Ventas@Palibrio.com

### Conciertos. Orquesta sinfónica de la Universidad nacional autónoma de México

Henos aquí nuevamente invitados a un Simposio de belleza en donde hemos
de deleitarnos con el arte profundamente humano de Beethoven, trágico de
Wagner, simbólico de Stravinsky, lleno de colorido de Rimsky-Korsakoff,
sugerente de Ravel y demás modernistas. 1949.
Editorial Palibrio 2012.
Ventas@Palibrio.com

### Nuevos principios de lógica y epistemología
### Nuevos aspectos de la filosofía

Conferencias sustentadas en la Universidad Imperial de Tokio y diferentes
Universidades de Japón y México presentadas entre los años 1931 y
1934, donde se exponen los conceptos filosóficos del existencialismo, el
neokantismo, la fenomenología y la axiología, filosofía alemana desconocida
en México en aquella época.
Editorial Palibrio 2013
Ventas@Palibrio.com

### ESTÉTICA LIBRO I
### LA DIALÉCTICA EN EL CAMPO DE LA ESTÉTICA TRILOGÍAS Y ANTITÉTICOS

Esta obra tiene como propósito ilustrar el criterio del gusto, no solo para las obras llamadas clásicas, sino fundamentalmente para comprender los nuevos intentos del arte a través de la pintura y la música, así como también la literatura, la escultura y la arquitectura que imponen la necesidad de reflexionar sobre su aparente obscuridad o snobismo. 1943.
Editorial Palibrio 2013
Ventas@Palibrio.com

### EL ORATORIO, LA MISA Y EL POEMA MÍSTICO
### LA MÚSICA EN EL TIEMPO

Pláticas sobre los ideales de la Edad Media con el Canto Gregoriano, el Renacimiento con el Mesías de Häendel, el Réquiem de Mozart, la Creación del Mundo de Haydn, el Parsifal de Wagner y la Canción de la tierra de Mahler. 1943.
Editorial Palibrio 2013
Ventas@Palibrio.com

### FUNCIÓN SOCIAL DE LAS UNIVERSIDADES AMERICANAS
### SEGUNDA CONFERENCIA INTERAMERICANA

Crear una cultura americana es un intento que debe fortalecerse con una actividad eficiente y es propiamente el momento propicio para lograr la unificación humana del proletariado sobre bases de dignidad y superación. 1937.
Editorial Palibrio 2013
Ventas@Palibrio.com

### LA EVOLUCIÓN DE LA LÓGICA DE 1910 A 1961
### RESEÑA HISTÓRICA DE LA LÓGICA

Los libros y las clases presentados por García de Mendoza entre los años 1929 y 1933 son de suma importancia ya que presentan nuevos horizontes en el campo de la Lógica y señalan claramente nuevos derroteros en el estudio de ella. 1961.
Editorial Palibrio 2013
Ventas@Palibrio.com

### ANTOLOGÍA DE OBRAS MUSICALES
### COMENTARIOS

Comentarios sobre las más bellas obras Clásicas Musicales. 1947.
Editorial Palibrio 2013
Ventas@Palibrio.com

## Manual de Lógica

### Primer Cuaderno

Obra de suma importancia, que señala la urgente necesidad de emprender nuevos derroteros en el estudio de la Lógica. Descubre nuevos horizontes despertando gran interés por el estudio de esta disciplina. 1930.
Editorial Palibrio 2013
Ventas@Palibrio.com

## Filosofia de la Religión

La Filosofía de la Religión trata de la existencia y de las cualidades de Dios, de su posición frente al mundo en general y al hombre especialmente y de las formas de la religión, desde los puntos de vista psicológico, epistemológico, metafísico e histórico. 1949.
Editorial Palibrio 2013
Ventas@Palibrio.com

## Por el Mundo de la Filosofía

### Reflexiones Personales

Conferencias transmitidas por "Radio Universidad" sobre el neokantismo, la fenomenología y el existencialismo, filosofía alemana introducida en México por primera vez en el año de 1927 por el Dr. García de Mendoza. 1949.
Editorial Palibrio 2013
Ventas@Palibrio.com

## Fuente de los valores y la sociologia de la cultura

Se establecen las relaciones entre la Ciencia y la Filosofía para darnos cuenta de lugar que debe ocupar la teoría de los valores y el lugar que le corresponde a la Sociología de la Cultura. 1938.
Editorial Palibrio 2013
Ventas@Palibrio.com

## Ideal de la Paz por el Camino de la Educación

Reconocer la dignidad, la igualdad y el respeto a la persona humana es el pináculo de cultura que el mundo futuro exige. Toda la guerra ha sido un destrozo a este ideal; toda ella originada por la barbarie y la ambición, ha llevado al hombre a olvidar la dignidad humana, el respeto al ser humano, la igualdad de los hombres. 1946.
Editorial Palibrio 2014
Ventas@Palibrio.com

## LÓGICA

Libro de texto publicado en 1932 en la UNAM en donde se introdujo la Fenomenología por primera vez en México en 1929, siendo el autor el primer introductor y animador de la Filosofía Alemana en México, reconocido como "El Padre del Neokantismo Mexicano".
Editorial Palibrio 2014
Ventas@Palibrio.com

## SCHUMANN

### EL ALBUM DE LA JUVENTUD

Schumann escribió este " Album de la Juventud" que es un conjunto de composiciones musicales de una inspiración sublime, inspiradas en poetas como Goethe, Byron, Richter y otros más.
Editorial Palibrio 2014
Ventas@Palibrio.com

## PRIMEROS ANALES DEL CONSERVATORIO NACIONAL DE MÚSICA

En los "Anales del Conservatorio" se consignan todos los datos necesarios sobre la actividad artística del Conservatorio así como el reglamento y plan de Estudios, Programas de clases, Conferencias y Conciertos.
Editorial Palibrio 2014
Ventas@Palibrio.com

## ENCICLOPEDIA MUSICAL

En este libro encontramos un estudio detenido de los elementos de altura, duración, entonación, intensidad etc que nos dan la facilidad de comprender la belleza de la música y su sentido expresivo.
Editorial Palibrio 2015
Ventas@Palibrio.com

## MUSEO NACIONAL DEL VIRREINATO. TEPOTZOTLÁN

Disertación filosófica de las capillas, los altares y las pinturas del Templo de San Francisco Javier. Documento único y valioso del periodo virreinal de México. 1936.
Editorial Palibrio 2015
Ventas@Palibrio.com

### Epistemología: "Teoría del Conocimiento"

Síntesis de la obra "Teoría del conocimiento" de J. Hessen. Es una introducción a los problemas que el conocimiento plantea. Presenta el vasto panorama de tales cuestiones, los diferentes puntos de vista y las varias soluciones propuestas. 1938.
Editorial Palibrio 2015
Ventas@Palibrio.com

### La filosofía oriental y el puesto de la cultura de Japón en el mundo

Libro premiado con el primer lugar del Concurso Internacional de Filosofía Oriental, cuyo premio le fue entregado en Japón por Su Alteza Imperial, el principe Takamatsu, hermano del Emperador de Japón. 1930.
Editorial Palibrio 2015
Ventas@Palibrio.com

### Fenomenología. Filosofía moderna

Fenomenología: Filosofía moderna expone la filosofía Alemana contemporanea a través de las ideas de los fenomenólogos: Husserl, Scheler y Heidegger. 1933
Editorial Palibrio 2015
Ventas@Palibrio.com

### Romanticismo en la vida y la obra de Chopin

El romanticismo en la obra de Chopin canta con la libertad más grande y entona la romántica frase, pinta con enardecimiento su más íntima convicción y hace versos en la intimidad de su corazón. 1949
Editorial Palibrio 2015
Ventas@Palibrio.com

### Derecho existencial

"El Derecho Existencial" se impone cada día más y más y la comprención de la filosofía general y especialmente de la Filosofía del Derecho debe satisfacer a las exigencias que indudablemente nos vamos a encontrar después de la guerra actual cuando se trate de resolver las situaciones jurídicas en un sentido de sinceridad y de realidad. 1932
Editorial Palibrio 2015
Ventas@Palibrio.com

POR EL MUNDO DE LA MUSICA

El propósito de estas conferencias, es el de proporcionar el conocimiento de la belleza de la música y su enorme importancia en la cultura de los pueblos y de los individuos. 1950
Editorial Palibrio 2015
Ventas@Palibrio.com

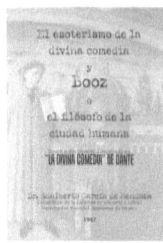

EL ESOTERISMO DE LA DIVINA COMEDIA Y BOOZ O EL FILÓSOFO DE LA CIUDAD HUMANA

"El Esoterismo de la Divina Comedia" y "Booz o la Liberación de la Humanidad", es una Disertación Filosófica sobre la "Divina Comedia" de Dante Alighieri, que presenta la vida en su múltiple transformación y en su perpetuo crear.
Editorial Palibrio 2016
Ventas@Palibrio.com

LA CIENCIA COMO INTEGRADORA DE LA CULTURA

Serie de conferencias que presentan nuevas visiones en la historia, nuevos principios para la concepción de la naturaleza , nuevas soluciones para el complicado problema del espíritu y nuevos aspectos en la vida social. 1951
Editorial Palibrio 2016
Ventas@Palibrio.com

CURSO DE ÉTICA

La existencia que sólo puede llevarnos para comprender a la humanidad y la finalidad del hombre frente a todas las finalidades del universo, principalmente a la finalidad de la sociedad.
Editorial Palibrio 2016
Ventas@Palibrio.com

PENSAMIENTOS DE UNA MUJER Y SELECCIONES LITERARIAS

Serie de refranes, pensamientos y comentarios sobre música, ciencia, filosofía y otros temas. 1946
Editorial Palibrio 2016
Ventas@Palibrio.com

## La Universidad

### Alcance de su labor educativa y social y Conferencias Filosóficas

Libro que trata sobre las Universidades del futuro que deben sostener como pendón de sus actividades la tesis de un resurgimiento consciente y verdadero de la democracia y de la libertad.
Editorial Palibrio 2016
Ventas@Palibrio.com

### La experiencia moral fundamental

### Una introducción a la Ética de Herman Nohl

Comentario a la obra de Hermann Nohl "Una introducción a la Ética" que incluye el " Menón" , diálogo Platónico que trata de llegar a definir lo que se entiende por virtud , que es un estado de ánimo propio de los seres fuertes para vencer en las empresas nobles y difíciles. Curso ofrecido en la clase de Etica en el Colegio Aleman en 1956.
Editorial Palibrio 2016
Ventas@Palibrio.com

### El hombre integral en la nueva educación

### Congreso pedagógico de la Unesco celebrado en Monterrey, sobre la educación 1946

Comentarios sobre el mensaje de la UNESCO en Monterrey, México sobre la educación para la libertad y la paz. 1948
Editorial Palibrio 2017
Ventas@Palibrio.com

### El problema de los valores y la sociología de la cultura 1933

Este obra trata de la creación de la cultura que necesita tanto del genio, como de las exigencias y aspiraciones de los pueblos.
Editorial Palibrio 2017
Ventas@Palibrio.com